Tie hyviin päätöksiin terveydenhuollossa

Pekka Suonsivu

Tie hyviin päätöksiin terveydenhuollossa

Tie hyviin päätöksiin terveydenhuollossa

Pekka Suonsivu

Tekijä on saanut Suomen tietokirjailijat ry:n apurahan

Kustantaja: BoD – Books

on Demand, Helsinki, Suomi

Valmistaja: Bod – Books on Demand, Norerstedt,

Saksa

ISBN: 9789528021599

Lukijalle

Päätöksiä tehdään sekä hyvän valmistelun pohjalta että nopeasti ilman valmistelua. Olemme voineet seurata USA:n presidentin räväkkää toimintatapaa, Britannian pitkään jatkunutta brexitiä ja EU:n päättämättömyyttä. Koronaepidemia vaati niin Suomessa kuin muualla maailmassa nopeita ja tehokkaita päätöksiä. Vastassa oli uusi virus, joka eteni vauhdilla ja josta ei ollut ennakolta tarpeeksi tietoa. Tämä asetti päätöksentekokyvylle todella suuria vaatimuksia. Piti kyetä tekemään epävarmuuden tilassa mahdollisimman hyviä päätöksiä. Suomalaisessa työelämässä, etenkin terveydenhuollossa, päätöstenteko on hidasta ja vaikeata, koska sektori on monin eri tavoin ohjattua ja lakien mukaisesti säänneltyä. Lisäksi organisaatiot ovat moniportaisia ja byrokraattisia.

Organisaatioissa mielekästä päätöksentekoa auttaa hyvä, joustava yhteistyö eri toimijoiden välillä. Yhteistoiminnan ydin on työnantajan ja henkilöstön voimavarojen yhdistäminen yhteisen päämäärän saavuttamiseksi. Siihen voivat sekä johto että henkilöstö sitoutua. Työnantajan ja henkilöstön yhteistoimintaa ohjaa EU-tasolla direktiivit ja Suomessa yhteistoimintalait. Käytännössä yhteistoiminta on pakkopullaa osalle johtajista.

Todellista vaikutusvaltaa päätöksiin ei henkilöstölle haluta antaa. Myös johtajien tietämys lain mukaisesta yt-menettelystä vaihtelee huomattavasti. Osa käyttää yhteistoimintaa aktiivisesti päätöksenteon apuna, osa vierastaa sitä ja pelkää auktoriteettinsa menettämistä.

Henkilöstöstä suuri osa ei tunne yt-menettelyä riittävästi. Osa ay-aktiiveista ei pyri todelliseen yhteistoimintaan työnantajan kanssa, vaan ajaa jäsentensä edunvalvontaa. Henkilöstön edustajien vastuunotto on puutteellista, eikä tarvittavaa tietoa hankita oma-aloitteisesti. Johto välttää konflikteja ammattijärjestöjen kanssa. Osapuolilta puuttuu usein luottamus ja sitoutuminen. Ongelmia on sekä tavoitteissa että toimintatavoissa ja ne näkyvät viime kädessä vaikutusongelmina.

Kirjan tarkoituksena on avata työnantajan ja henkilöstön välisessä yhteistyössä ja yhteistoiminnassa havaittuja epäkohtia ja tarjota toimijoille tietoa kehittää yhteistoimintaa toimivaksi. Kirja sisältää sekä tutkimustietoa että kirjoittajan omakohtaisia havaintoja ja kokemuksia työnantajan ja henkilöstön välisestä yhteistoiminnasta.

Lisäksi kirjassa esitellään työelämän käytännössä hyväksi havaittuja yhteistyömalleja ja päätöksentekoa helpottavia keinoja ja välineitä pyrittäessä yhteistoiminnan avulla hyviin päätöksiin.

Kirjan kohderyhmänä ovat erityisesti julkisen terveydenhuollon organisaatioissa toimivat johtajat, esimiehet ja henkilöstö sekä muut terveydenhuollon toimijat. Kirja soveltuu myös kurssi- ja tietoteokseksi johtamista ja terveydenhuollon hallintoa opiskeleville sekä muille terveydenhuollosta ja yhteistoiminnallisesta päätöksenteosta kiinnostuneille.

Tampereella 1.8.2020

Pekka Suonsivu

Sisältö

Päätöksenteon moninaiset näkökulmat

Työorganisaatioissa tehdään päätöksiä jatkuvasti kaikilla organisaation tasoilla. Päätöksiä tarvitaan, jotta asiat tulisivat tehdyksi. Laajat hallinnolliset päätökset tehdään organisaation ylätasoilla ja konkreettiset työnjohdolliset päätökset työyksiköissä. Juha Vartola on todennut, että jokainen työntekijä osallistuu omalla tavallaan hallintoon tehdessään päätöksiä ja valintoja omassa työssään (Vartola 2005). Kyky päättää ja toisaalta päättämättömyys vaikuttavat ratkaisevasti siihen, miten organisaatio toimii ja miten se pääsee tavoitteisiinsa. Myös Risto Harisalo (2009) näkee päätöksenteon merkityksen organisaation menestykseen erittäin merkitsevänä. Hänen mukaansa päätöksenteko vaikuttaa huomattavasti enemmän organisaation menestykseen kuin organisaation rakenne, henkilöstö, johtajien ominaisuudet ja teknologia.

Harisalo on myös pohtinut teemoja rationaalinen päätöksenteko ja rajoitettu rationaalinen päätöksenteko. Rationaalisessa päätöksenteossa pyritään valmisteluvaiheessa selvittämään kaikki mahdolliset toimivat vaihtoehdot ja vertailla niitä mahdollisimman objektiivisesti. Näin saataisiin kritiikin kestävä ja hyväksyttävä pohja päätöksille. Miksi tähän ei sitten aina ylletä?

Organisaatioiden päätöksenteossaan kohtaamien asioiden lukumäärä on yksikertaisesti niin huomattava, että ne eivät pysty niitä kaikkia käsittelemään. Jokainen ymmärtää, että mitä isommasta ja monimutkaisemmasta ongelmasta on kysymys, sitä vaikeampaa on tehdä niitä koskevia rationaalisia valintoja. Päätöksenteossa tarvittavien tietojen tuottamisen ja analysoinnin kustannukset voivat ylittää päättäjien taloudelliset resurssit. Päättäjien kognitiiviset resurssit, kuten havaintokyky, kokemus, luovuus ja oppiminen voivat olla hyvin rajalliset. Lisäksi he voivat olla erimielisiä siitä, kuinka ongelma pitäisi määritellä ja ratkaista. (Harisalo 2020).

Jos organisaatiossa ei kyetä rationaaliseen päätöksentekoon, pitää tyytyä rajoitettuun rationaaliseen päätöksentekoon. Harisalon mukaan tämä tarkoittaa sitä, että ”tiedolla johtamista on täydennettävä tietämättömyyden johtamisella”. Päättäjiltä tämä edellyttää oman tietämättömyytensä myöntämistä ja luovien vaihtoehtojen käyttöönottoa omien tietojensa, kokemustensa ja ymmärryksensä lisäksi.

Esimerkkinä terveydenhuollon moniportaisesta päätöksenteko-organisaatiosta on sairaanhoitopiirin kuntayhtymä. Sairaanhoitopiiri on julkinen konserniorganisaatio, joka ei tavoittele voittoa (non-profit organizations). Sairaanhoitopiiri tuottaa alueensa väestölle terveyspalveluja ja sairaanhoidon palveluja. Ari Salmisen (1988) mukaan sairaanhoitopiiri eroaa yksityisistä, voittoa tuottavista (profit-making organizations) organisaatioista muun muassa siinä, että päätöksenteossa näkyvät julkisten organisaatioiden poliittisuus ja yhteys demokraattisiin päätösprosesseihin.

Sairaanhoitopiirissä ylintä päätösvaltaa käyttää jäsenkuntien edustajista koostuva valtuusto. Valtuusto vastaa sairaanhoitopiirin toiminnasta ja taloudesta, käyttää sairaanhoitopiirin päätösvaltaa ja siirtää toimivaltaansa hallintosäännön määräyksillä. Valtuuston keskeinen tehtävä on päättää sairaanhoitopiirin toiminnan tavoitteista ja resursseista, joilla tavoitteet saavutetaan. Keskeinen vuosittain hyväksyttävä asiakirja on toiminta- ja taloussuunnitelma sekä talousarvio seuraavalle kalenterivuodelle. Valtuusto on luottamushenkilöhallintoa, kuten käytännön toimintaa ja suunnittelua johtava sairaanhoitopiirin hallitus, minkä valtuusto valitsee. Luottamushenkilöhallinnon toimikausi on yleinen nelivuotinen valtuustokausi (Suonsivu 2019).

Hallitus johtaa sairaanhoitopiirin toimintaa, hallintoa ja taloutta. Hallitus vastaa sairaanhoitopiirin toiminnan yhteensovittamisesta ja omistajaohjauksesta sekä sairaanhoitopiirin henkilöstö-politiikasta ja huolehtii sairaanhoitopiirin sisäisestä valvonnasta ja riskienhallinnan järjestämisestä. Hallitus vastaa valtuuston päätösten valmistelusta, täytäntöönpanosta ja laillisuuden valvonnasta.

Sairaanhoitopiirin virkamieshallinon keskeinen taho on yhtymähallinto, joka vastaa sairaanhoitopiirin strategisesta johtamisesta ja päätöksenteosta yhdessä sairaanhoitopiirin valtuuston ja hallituksen kanssa. Sairaanhoitopiirin yhtymähallinto koostuu ylimmistä virkamiehistä, joita ovat sairaanhoitopiirin johtaja, sairaanhoitopiirin johtoryhmä ja johtajisto. Sairaanhoitopiirin johtaja johtaa hallituksen alaisena sairaanhoitopiirin hallintoa, taloudenhoitoa ja muuta toimintaa. Sairaanhoitopiirin johtaja vastaa asioiden valmistelusta. Toimialuetasolla ylimmän hallinnon muodostavat toimialuejohtaja ja toimialueen johtoryhmä, missä ovat mukana vastuualueiden johtajat sekä hoitotyön johtajat. Työyhteisöissä hallinnolliset päätökset tekee vastuullinen esimies, kuten esimerkiksi vuodeosastolla osastonhoitaja ja tukipalvelujen yksiköissä työnjohtajat.

Yhteistoimintalaki velvoittaa päätöksentekijöitä kuulemaan henkilöstöä ennen päätöksentekoa. Tämä tekee päätöksenteosta hitaampaa, mutta antaa päätöksentekijälle arvokasta tietoa päätettävään asiaan liittyvistä henkilöstön esille ottamista näkemyksistä. On hyvä kaiken aikaa muistaa, että yhteistoiminnan ydin on työnantajan ja henkilöstön voimavarojen yhdistäminen yhteisen päämäärän saavuttamiseksi. Työnantajan ja henkilöstön välisellä yhteistoimintamenettelyllä voidaan sopia yhteisistä tavoitteista ja keinoista niiden saavuttamiseksi.

Vuorovaikutus yhteistoiminnassa

Richard Walton ja Robert McKersie kehittivät jo 1960-luvulla työelämän integratiivisten vuorovaikutussuhteiden mallin, jossa työelämän osapuolten käymät neuvottelut tyypiteltiin neljään alaprosessiin:

> keskenään ristiriidassa olevien etujen jakamista koskeva neuvottelu (distributive bargaining), toisen hyöty toisen häviö
>
> yhdentävä neuvottelu (integrative bargaining), jossaetsitään ratkaisua molempia osapuolia koskeviin ongelmiin ja jossa neuvottelun kohteena oleviin asioihin ei välttämättä sisälly periaatteellista ristiriitaa
>
> asenteiden muokkaus (attitudinal struckturing), jollla pyritään muuttamaan neuvottelijoiden välisiä suhteita toivottuun suuntaan

osapuolten sisäiseen neuvotteluun (intraorganizational barnaining), jossa on kysymys siitä, miten kumpikin osapuoli oman kantansa muotoilee oman ryhmänsä sisällä.

Neuvottelijoilla on aina omat taustaryhmänsä ja neuvotteluissa on mahdollista löytää yhteinen etu. Yhdentävillä neuvotteluilla, jotka tapahtuvat yhteistoiminnan hengessä, pyritään oman edun sijasta lisäämään yhteistä etua ja lisäarvoa. (Walton, McKersie 1985.) Waltonin ja McKersien määrittelemä viitekehys kattaa keskeiset yhteistoimintakysymykset ja niissä painottuvat taulukossa 1 esitetyt yhteistoiminnan piirteet. (Suonsivu 2018).

Työnantajan ja työntekijöiden välisen yhteistoiminnan onnistumisessa kaikkein keskeisin merkitys on sillä, miten osapuolet pystyvät rakentavaan keskusteluun. Yhteistoiminnallisessa organisaatiossa voimavaroja kootaan yhteisten päämäärien taakse erilaisista elämismaailmoista käsin työtään tekevien organisaation toimijoiden välisen dialogin välityksellä. Sosiaaliseen dialogiin osallistumisen muodot vaihtelevat tiedon jakamisesta neuvotteluihin ja päätöksentekoon osallistumiseen.

Taulukko 1 Yhteistoiminnan piirteet

Osapuolten joko täysin yhtenevät tai osaksi eriävinäkin yhdistettävissä ovat tavoitteet
Tavoitteiden saavuttamisen keinot eivät saa tehdä tyhjäksi minkään osapuolen tavoitteiden saavuttamista
Osapuolet suhtautuvat toisiinsa kumppaneina ja resursseina yhteisten tavoitteiden saavuttamisessa
Osapuolet sitoutuvat käyttämään laajalti tutkimustietoa erilaisia ongelmanratkaisumenettelyjä ja tarvittaessa ulkopuolisia asiantuntijoita vaikeiden ongelmakysymysten selvittämiseksi
Yhteinen toiminta merkitsee tarvittaessa erilaisten tulkintojen yhdistämistä yhdeksi kollektiiviseksi toiminnaksi
Voimakkaan kollektiivisen me-asenteen ja me-tahdon kehittäminen, jossa hyväksytään kriittinen keskustelu ja erilaisten näkökohtien esittäminen
Kaikinpuolisen luottamuksen kehittämine pitkällä aikavälillä ja luottamusta heikentävien tekojen vähentäminen
Toimintaympäristön taholta yhteistoiminnalle tuleva tuki tai ainakin yhteistoiminnalle vihamielisten toimenpiteiden välttäminen

Lähde: Sädevirta 2004

Toimivan vuoropuhelun luomisessa tärkeätä on työpaikan johdon ja työntekijöiden todelliset pyrkimykset aitoon yhteistoimintaan. Mitkä ovat työnantajan ja henkilöstön tavoitteet ja yhteiset edut? (Suonsivu 2018).

Keskeistä on osapuolten luottamus ja sitoutuminen (Adler 2001). Yhteistyö, yhteisymmärrys, kompromissihakuisuus ja luottamus ovat avainasioita sosiaalisessa dialogissa pyrittäessä yhteisiin tavoitteisiin. (Zientara 2010). Luottamus sosiaalisessa dialogissa on tärkeätä henkilöiden välillä, mutta se voi kohdistua myös persoonattomaan järjestelmään (Rousseau et al 1998, Biljsma-Frankema & Costa 2005) ja kokonaisiin instituutioihin (Mäkipeska && Niemelä 2005). Organisaatioissa, joissa henkilöstöllä on mahdollisuus vaikuttaa päätöksentekoon, edistetään luottamusta työnantajan ja henkilöstön kesken. (Holtz & Harold 2008). Luottamus organisaatiossa on ominaisuus mikä vaikuttaa ihmisten käyttäytymiseen.

”Luottamus tarkoittaa inhimillisen vuorovaikutuksen tuloksena syntynyttä vakaumusta, joka vaikuttaa vuorovaikutukseen sekä yhteistyön todennäköisyyteen ja laatuun”. (Stenvall & Virtanen 2007). Luottamusta pidetään kriittisenä tekijänä ihmisten välisessä kanssakäymisessä (Johansson 2006). Osapuolten välinen luottamus vaikuttaa henkilöiden käyttäytymiseen, odotuksiin ja vuorovaikutukseen (Harisalo & Stenvall 2004). Luottamus lisää motivaatiota ja tehokkuutta työssä (Long & Sitkin 2006). Merkittävää on myös työnantajan luottamus työntekijäosapuoleen keskinäisessä dialogissa. Toimiva dialogi on edellytys työyhteisön tasapainoiseen kehittymiseen (Suonsivu 2014).

Myös sosiaalisen dialogin avoimuudella on merkitystä. Avoimuus vaikuttaa myönteisesti työntekijöiden työhön kiintymiseen (Mamia & Koivumäki 2006). Työnantajaa edustavan kunnallisen työmarkkinalaitoksen kannanoton mukaan yhteistyö edellyttää keskinäistä luottamusta ja avoimella vuorovaikutuksella rakennetaan luottamuksen ilmapiiriä, joka on yhteistoiminnan perusta. (Kunnallinen työmarkkinalaitos, 2005)

Palkka-asioissa on siirrytty kohti paikallista sopimista. Tämä antaa mahdollisuuksia tehostaa keskinäistä dialogia. Työsuojelun yhteistoiminta ja dialogi on tapahtunut pitkälti työsuojelutoimikunnissa ja tietenkin suoraan työpaikoilla työolosuhteita selvitettäessä. Työterveyshuollon rooli henkilöstön hyvinvoinnin puolesta puhujana ja toimijana on vahvistunut. Viimeisimpänä ovat tulleet henkilöstöedustukset kuntayhtymän johtoryhmiin ja toimialueiden johtoryhmiin. Kun johtoryhmässä toimiva henkilöstön edustaja toimii täysivaltaisena johtoryhmän jäsenenä, hän sitoutuu ryhmän päätöksiin. (Suonsivu 2018)

Yhteistoimintalain velvoitteet

Suomen perustuslain (14 §:n 3 mom.) mukaan julkisen vallan tehtävänä on edistää yksilön mahdollisuuksia osallistua yhteiskunnalliseen toimintaan ja vaikuttaa häntä koskevaan päätöksentekoon. Kunta-alalla työnantajan ja henkilöstön välisestä yhteistoiminnasta on säädetty lailla (Laki työnantajan ja henkilöstön välisestä yhteistoiminnasta kunnissa 449/2007). Keskeisenä tavoitteena on turvata henkilöstölle mahdollisuudet vaikuttaa omaa työtään ja omaa työyhteisöään koskeviin päätöksiin. Lailla pyritään myös edistämään toiminnan tuloksellisuutta ja parantamaan henkilöstön työelämän laatua.

Yhteistoimintamenettely tarkoittaa yhteistoimintalain mukaan sitä, että ennen kuin työnantaja ratkaisee yhteistoiminnan asiapiiriin kuuluvan asian, hänen on neuvoteltava yhteistoiminnan hengessä toimenpiteen perusteista, vaikutuksista ja vaihtoehdoista ainakin niiden työntekijöiden ja toimihenkilöiden tai henkilöstön edustajien kanssa, joita asia koskee. Yksittäistä työntekijää tai toimihenkilöä koskeva asia käsitellään ensisijaisesti työnantajan ja tämän henkilön välillä. Työnantajan taikka työntekijän tai toimihenkilön vaatimuksesta asiasta on neuvoteltava myös työnantajan ja asianomaisen henkilöstön edustajan kesken. (Laki työnantajan ja henkilöstön välisestä yhteistoiminnasta kunnissa 2007). Yhteistoimintalain perusteluissa painotetaan mahdollisimman avointa vuorovaikutusta, yhteistoiminnan osapuolten välistä luottamusta sekä esimiesten ja alaisten välisessä vuorovaikutuksessa tapahtuvaa yhteistyötä. (Ohjeet työnantajan ja henkilöstön välisestä yhteistoiminnasta kunnissa, KT:n yleiskirje 7/2007).

Lain mukaan yksittäistä työntekijää koskeva asia käsitellään ensisijaisesti asianomaisen henkilön ja työnantajan välillä. Työntekijän pyynnöstä myös henkilöstön edustaja voi osallistua asian käsittelyyn. Jos asia koskee vain osaa henkilöstöstä, voidaan asia käsitellä asianomaisten henkilöiden kanssa tai henkilöstön osan edustajien kanssa. Laajakantoiset asiat tai henkilöstöä yleisesti koskevat asiat käsitellään yhteistoimintaelimessä. Nämä käsittelytavat ovat vaihtoehtoiset. Jos asia on käsitelty työyksikössä, sitä ei tarvitse enää käsitellä sen lisäksi yhteistoimintaelimessä (Suonsivu 2019).

Vaikka neuvotteluissa tavoitellaan yksimielisyyttä, se ei aina onnistu ja neuvottelut voivat myös päättyä erimielisyyteen. Päätökset asiassa tehdään sen jälkeen, kun asia on käsitelty yhteistoimintamenettelyssä. Yhteistoimintalaki ei siis rajoita kunnallisen päätöksentekijän päätösvaltaa. Sen sijaan lain mukainen yhteistoimintamenettely tukee päätöksentekijää ja antaa tälle mahdollisuudet saada selville henkilöstön näkemykset kyseisestä asiasta. Näin yhteistoimintamenettely edistää tietä hyviin päätöksiin.

Yhteistoimintamenettely on liitetty osaksi normaalia päätöksentekoprosessia. Käytännössä yhteistoimintamenettely on työnantajan ja henkilöstön edustajien kesken edustuksellista sekä työpaikoilla lähiesimiesten ja henkilöstön välistä välitöntä yhteistoimintaa.

Edustuksellinen yhteistoiminta

Edustuksellista yhteistoimintaa hoitaa toimielin, jossa on sekä työnantajan että henkilöstön edustajia. Esimerkkinä erään julkisen terveydenhuollon organisaation edustuksellisen yhteistoiminnan organisointi. Kuntayhtymän tasolla yhteistyötoimikunta, jossa 14 henkilöstön edustajaa ja 7 työnantajan edustajaa. Tämä edustus 2/3 ja 1/3 on vakiintunut käytännöksi jo vuosia sitten. Kuntayhtymän toimialueilla yhteistyöryhmät, joissa jäseniä toimialueen koosta riippuen 8 - 14. Kaikkien edustuksellisten toimielinten toimikausi 4 vuotta eli kunnallisvaalikausi.

Työnantajan edustajat yhteistyötoimikuntaan nimeää kuntayhtymän hallitus. Ammattijärjestöt nimeävät henkilöstön edustajat. Yhteisistä nimeämisperiaatteista on sovittu työnantajan ja ammattijärjestöjen kesken. Se voi tarkoittaa esimerkiksi sitä, että työnantajan edustajat, tai ainakin osa heistä, on kuntayhtymän johtoryhmän jäseniä. Henkilöstöedustajien nimeämisessä voidaan sopia esimerkiksi sellainen käytäntö, että kuntayhtymän keskeiset toimialueet tulevat edustetuiksi, samoin henkilöstön keskeiset ammattiryhmät. Toimialueiden yhteistyöryhmissä voi olla esimerkiksi työnantajan edustajina toimialueen johtoryhmän jäsenet ja henkilöstöedustajat siten, että toimialueen yksiköt tulevat mahdollisimman laajasti edustetuiksi. Jos toimialueen yhteistyöryhmä käsittelee myös työsuojeluasiat, on tärkeää, että alueen työsuojeluvaltuutetulla on oikeus olla mukana yhteistyöryhmän kokouksissa. Asiantuntijoita voi tietenkin kutsua kokouksiin, jos se nähdään tarpeelliseksi.

Edustuksellisten elinten, kuten yhteistyötoimikunnan ja yhteistyöryhmien, kokouskäytännöistä sovitaan työnantajan ja henkilöstön edustajien kesken. Eräässä kuntayhtymässä on mielestäni tässä onnistuttu hyvin, sillä kokouksen puheenjohtaja on vuorovuosin työnantajan edustaja ja henkilöstön edustaja. Vastaavasti varapuheenjohtaja vuorovuosin työnantajan ja henkilöstön edustaja. Jotta asiat saadaan esityslistalle tasapuolisesti, on hyvä käytäntö sellainen, että ennen esityslistan tekoa puheenjohtaja, varapuheenjohtaja ja sihteeri kokoontuvat ja sopivat esityslistalle otettavista asioista.

Välitön yhteistoiminta

Välittömän yhteistoiminnan keskeisin muoto on yksittäistä viranhaltijaa tai työntekijää koskevan yhteistoimintamenettelyn piiriin kuuluvan asian käsittely asianomaisen henkilön ja hänen esimiehensä välillä. Jos asian periaatteellinen luonne vaatii, voidaan myös yhtä henkilöä koskeva asia hänen niin halutessaan käsitellä edustuksellisessa yhteistoimintaelimessä. Välitöntä yhteistoimintaa on myös yhteistoimintamenettelyn piiriin kuuluvien asioiden käsittely työpaikkatasolla. Välittömän yhteistoiminnan aloittamisesta ja toteutuksen muodoista päättää työnantaja (Suonsivu 2018).

Välittömän yhteistoiminnan muotoja ovat esimerkiksi seuraavat:

Kehityskeskustelu

Esimies-alaiskeskustelu

Työnohjaus

Palautteen antaminen

Työpaikkakokoukset

Tiedotustilaisuudet

Koulutus- ja tiedotusluonteiset neuvottelutilaisuudet

Osallistuminen kehittämisprojekteihin

Laatu- ja tuloksellisuusryhmät

Tiimit

(Kunnallinen työmarkkinalaitos 2005)

Yhteistoiminnan asiapiiri

Ennen yhteistoimintalain voimaantuloa vuonna 2007 yhteistoiminnassa käsiteltävät asiat oli määritelty työmarkkinaosapuolten solmimassa virka- ja työehtosopimuksen luonteisessa yleissopimuksessa (Yhteistoimintamenettelyä koskeva yleissopimus 1993 ja Yleissopimus yhteistoimintamenettelystä soveltamisohjeineen 2002). Yhteistoiminnan asiapiiri oli yleissopimuksessa varsin laaja. Työnantajan ja henkilöstön välisessä yhteistoiminnassa opittiinkin käsittelemään asioita tämän laajan asiapiirin mukaisesti. Yhteistoimintalaissa asiapiiri on huomattavasti suppeampi kuin yleissopimuksessa. Lain mukaan yhteistoimintamenettelyssä on käsiteltävä ainakin sellaiset asiat, jotka koskevat:

henkilöstön asemaan merkittävästi vaikuttavia muutoksia työn organisoinnissa, kunnan palvelurakenteessa, kuntajaossa tai kuntien välisessä yhteistyössä

palvelujen uudelleenjärjestämisen periaatteita, jos asialla voi olla olennaisia henkilöstövaikutuksia, kuten ulkopuolisen työvoiman käyttöä tai liikkeen luovutusta

henkilöstöön, henkilöstön kehittämiseen ja tasa-arvoiseen kohteluun sekä työyhteisön sisäiseen tietojen vaihtoon liittyviä periaatteita ja suunnitelmia

taloudellisista tai tuotannollisista syistä toimeenpantavaa osa-aikaistamista, lomauttamista tai irtisanomista

Yhteistoimintamenettelyssä voidaan kuitenkin käsitellä tarpeen mukaan muitakin asioita. Kun hallitus antoi eduskunnalle esityksen laiksi työnantajan ja henkilöstön välisestä yhteistoiminnasta kunnissa (HE 267/2006), niin esityksen perusteluissa todettiin, että asiapiirin supistamisella ei tarkoiteta kunnallisilla työpaikoilla toimivien hyvien yhteistoimintakäytäntöjen muuttamista. Käytännössä asiapiiri onkin pysynyt varsin laajana.

Työsuojelun yhteistoiminta

Työsuojelun yhteistoimintaa säätelee vuonna 2006 voimaan tullut Laki työsuojelun valvonnasta ja työpaikan yhteistoiminnasta (44/2006). Yhteistoimintaa koskevat pykälät ovat lain II osassa. Laista käytetään nimitystä työsuojelun valvontalaki. Työsuojelun valvontalain mukaan työsuojelun yhteistoiminnan tavoitteena työpaikoilla on edistää työnantajan ja työntekijöiden välistä vuorovaikutusta ja tehdä mahdolliseksi työntekijöiden osallistuminen ja vaikuttaminen työpaikan turvallisuutta ja terveellisyyttä koskevien asioiden käsittelyyn. Yhteistoiminnassa käsiteltäviä asioita olevia asioita ovat työhön, työympäristöön ja työyhteisön tilaan liittyvät ja niihin vaikuttavat asiat. Yhteistoiminta-asiat on lain mukaan käsiteltävä riittävän ajoissa, jotta uudistuksiin ja päätöksiin voidaan todella vaikuttaa. Tässä on nimenomaan pyrkimys tehdä hyviä ja vaikuttavia päätöksiä sekä seurata työsuojeluasioiden toteutumista ja vaikutuksia.

Yhteistoiminnassa käsiteltävät työsuojeluasiat

Yhteistoiminnassa käsiteltävät asiat on määritelty työsuojelun valvontalaissa sekä kunnallisen alan työsuojelun yhteistoimintasopimuksessa (2008).

Asiat ovat:

työntekijöiden turvallisuuteen ja terveyteen välittömästi vaikuttavat asiat ja niitä koskevat muutokset

periaatteet ja tapa, joiden mukaan työpaikan vaarat ja haitat selvitetään sekä edellä tarkoitetussa selvityksessä ja työterveyshuollon tekemässä työpaikkaselvityksessä esille tulleet työntekijöiden turvallisuuteen ja terveyteen yleisesti vaikuttavat seikat

työkykyä ylläpitävään toimintaan liittyvät ja muut työntekijöiden turvallisuuteen ja terveyteen vaikuttavat kehittämistavoitteet ja –ohjelmat

työntekijöiden turvallisuuteen, terveyteen ja työkykyyn vaikuttavat työn järjestelyyn ja mitoitukseen sekä niiden olennaisiin muutoksiin liittyvät asiat

työsuojeluviranomaisen valvontaan kuuluvassa laissa tarkoitetun työntekijöille annettavan opetuksen, ohjauksen ja perehdyttämisen tarve ja järjestelyt

työhön, työympäristöön ja työyhteisön tilaan liittyvät, työn turvallisuutta ja terveellisyyttä kuvaavat tilasto- ja muut seurantatiedot

edellä 1- 6 kohdissa tarkoitettujen asioiden toteutumisen ja vaikutusten seuranta

Työntekijän turvallisuuteen ja terveellisyyteen välittömästi vaikuttavat asiat ja niitä koskevat muutokset käsitellään työnantajan tai tämän edustajana toimivan esimiehen ja työntekijän kesken. Työntekijää edustavalla työsuojeluvaltuutetulla on oikeus osallistua asian käsittelyyn työntekijän pyynnöstä ja tarvittaessa muutoinkin. Tässä työsuojelun yhteistoiminta on yhtenevää muun yhteistoiminnan ja yhteistoimintamenettelyn kanssa. Asiat käsitellään välittömästi työpaikalla ja pyritään löytämään ongelmiin hyvä yhteinen ratkaisu, jolla estetään työntekijän terveyden ja turvallisuuden vaarantuminen.

Laajakantoiset ja työpaikkaa yleisesti koskevat työsuojelun yhteistoiminta-asiat käsitellään edustuksellisessa yhteistoimintaelimessä, työsuojelutoimikunnassa. Lain mukaan työsuojelutoimikunnan jäsenellä on oikeus tehdä esityksiä työsuojelutoimikunnassa käsiteltäviksi asioiksi ja muutoinkin yhteistoiminnan kehittämiseksi sekä saada esityksistään perusteltu palaute. Esityksenteko-oikeus on toki aiemminkin ollut olemassa, nyt sitä korostetaan. Samoin on palautteen laita. Hyvän hallintokäytännön mukaan esityksen tekijää on informoitu asian etenemisestä. Nyt siihen on lakipohjainen velvoite. Esitykset eivät voi jäädä käsittelemättä eikä ilman toimenpiteitä ja vastauksia (Suonsivu 2019).

Tutkittua tietoa yhteistoiminnasta

Työnantajan ja henkilöstön välistä yhteistoimintaa Suomessa on tutkittu laajemmin 1980 -luvulta nykypäiviin asti. Yhteistoimintamenettely kunta-alalla käynnistyi 1970 -luvun lopulla suositussopimuspohjalta (Suositussopimus kunnallisesta työpaikkademokratiasta 1977). Sopimuksen osapuolia olivat kunnalliset keskusjärjestöt ja ammatilliset pääsopijajärjestöt. Tällöin puhuttiin työpaikkademokratiasta ja tarkoituksena oli, kuten nykyisinkin, lisätä henkilöstön mahdollisuuksia vaikuttaa heitä itseään ja heidän työyhteisöään koskevaan päätöksentekoon työpaikoilla ja työorganisaatioissa. Suositussopimuksen pohjalta kunnissa ja kuntainliitoissa laadittiin vuonna 1978 työpaikkademokratiatoimintasääntöjä, joiden avulla varsinainen yhteistoiminta organisoitiin pääosin vuoden 1979 aikana.

Työpaikkademokratiatoiminta piti sisällään sekä edustuksellista yhteistoimintaa (yhteistyötoimikunnat, yhteistyöryhmät, henkilökuntaneuvostot) että välittömän yhteistoiminnan työpaikoilla (välittömät keskustelut lähiesimiehen kanssa, kehityskeskustelut ja työpaikkakokoukset). Edustuksellisilla työpaikkademokratiatoimielimillä oli joissakin kuntainliitoissa hyvinkin pitkälle menevää päätösvaltaa esimerkiksi koulutusjaostoissa ja tiedotusjaostoissa. Aina päätökset kuitenkin olivat alisteisia virallisille päätöselimille kuten liittohallituksille.

Pasi Valtee tutki 1980 -luvulla työnantajan ja henkilöstön välisen yhteistoimintaa selvittäen kunnallisesta työpaikkademokratiasta saatuja kokemuksia (Valtee 1983a ja 1984a). Yhteistoiminta oli tutkimuksen kohteena myös tutkimushankkeessa "Julkisen sektorin johtamisen tuloksellisuus" (Valtee 1988). Myös Martikainen ja Järviniemi seurasivat tutkimuksissaan yhteistoiminnan toteutumista (Martikainen, Järviniemi 1989).

Näiden tutkimustulosten mukaan silloinen työpaikkademokratia-toiminta koettiin työyksiköiden toiminnasta erilliseksi. Henkilöstö koki kyllä osallistuvansa omaa työtään ja työolosuhteitaan koskevaan valmisteluun ja päätöksentekoon välittömän työpaikkademokratian, kuten työpaikkakokousten, kautta, mutta edustuksellisten työpaikkademokratiatoimielinten toiminta koettiin etäiseksi (Suonsivu 2000).

1990 -luvulla Tampereen yliopiston työelämän tutkimus-keskuksessa tehtiin laaja yhteistoimintatutkimus, jossa selvitettiin muun muassa palveluorganisaatioiden tuloksellisuuden ja laadun kehittämistä sekä yhteistoiminnan kehittämistuloksia, rakenteen ja toiminnan vuorovaikutusta (Kasvio, Kalliola, Pesonen 1994). Kyseiseen tutkimuskokonaisuuteen kuuluivat myös kulttuurin muutokset (Rajakaltio 1994), työelämän laadun muutokset (Nakari 1994) ja strateginen henkilöstövoimavara-johtaminen (Pesonen 1994). Yhteistoimintamenettelyä leimasi tässä vaiheessa pyrkimys päästä eroon johdon ja ammattiyhdistysliikkeen vastakkain-asettelusta ja kehittää toimintaa lähemmäksi käytännön työelämää. Myös pyrkimys yhdistää eri osallistumismuotoja, kuten työpaikkademokratia ja työsuojelu, nousi esille. (Suonsivu 2000).

2000-luvulla suomalaisissa tutkimuksissa selvitettiin muun muassa työn organisoinnin ja yhteistoiminnan yhteyksiä. Esimerkiksi Antila ja Ylöstalo (2002) jakoivat organisaatiot proaktiivisiin ja traditionaalisiin sen mukaan miten paljon työntekijöille sallitaan vaikutusmahdollisuuksia omaa työtään koskevissa asioissa. Traditionaalisissa työpaikoissa päätösvalta on keskitettyä ja toiminta ylhäältä ohjattua. Proaktiivisissa työpaikoissa organisaatio on kevyempi ja henkilöstön osallistumis- ja vaikutusmahdollisuudet ovat paremmat, jolloin henkilöstön sitoutuminen on vahvempaa. Janhosen (2013) mukaan henkilöstön vaikutusmahdollisuuksilla oli tutkitusti vaikutusta henkilöstön työhyvinvointiin. (Suonsivu 2018).

Vaikutusmahdollisuuksia ovat monet tutkijat selvittäneet 2000 -luvulla eri tutkimusten osioina esimerkiksi tutkittaessa yhteistoimintaa osallistumisjärjestelmänä, henkilöstön osallistumismahdollisuuksia, työsuojelun yhteistoimintaa ja muuta työnantajan ja henkilöstön välistä yhteistoimintaa sekä henkilöstön työhyvinvointia ja työssä jaksamista Näistä suomalaisista tutkijoista esimerkkeinä Tarkkonen (2005, Koivumäki (2008), Salo (2009), Kumpulainen (2013), Jokinen & Kalliola (2014), Keränen (2016) ja Puttonen ym. (2016).

Itse tutkin yhteistoimintamenettelyä eräässä suuressa sairaanhoitopiirissä vuodesta 2006 vuoteen 2014 (Suonsivu 2018). Tutkimuksen tavoitteena oli selvittää mitkä olivat sairaanhoitopiirin kuntayhtymän henkilöstön vaikutusmahdollisuudet heidän omaa työtään ja työyhteisöään koskeviin asioihin yhteistoimintalain ja sopimusten mukaisessa yhteistoimintamenettelyssä. Tutkimus oli kaksivaiheinen. Ensimmäinen kysely helmikuussa 2006 osoitettiin sairaanhoitopiirin toimialueiden toimikaudelle 2005 - 2008 nimettyjen yhteistyöryhmien jäsenille (N=75). Kyselyllä pyrittiin selvittämään mitkä olivat henkilöstön vaikuttamismahdollisuudet toimialueiden yhteistyöryhmän jäsenten kokemina tai arvioimina organisaatiossa tehdyn yhteistoiminnan kehittämistyön jälkeen.

Kysymykset koskivat muun muassa yhteistoiminnan organisointia ja tavoitteellisuutta, yhteistoimintamenettelyä koskevien säädösten tunnettavuutta, yhteistoimintakäytäntöjä sairaanhoitopiirin toimialueella, vaikutusmahdollisuuksia omaan työhön ja omaan työyhteisöön sekä yhteistoimintaa edistäviä ja haittaavia tekijöitä. Vaikutusmahdollisuuksien kehittymistä selvitettiin marraskuussa 2014 tehdyllä seurantakyselyllä, mikä kohdennettiin sairaanhoitopiirin toimialueiden toimikaudeksi 2013 - 2016 nimettyjen yhteistyöryhmien jäsenille (N=55). Lisäksi käytettiin tutkimusmateriaaleina kohdeorganisaation toiminta- ja henkilöstökertomuksia. Kyselylomakkeiden suljetuilla kysymyksillä kerätty aineisto analysoitiin tilastollisin menetelmin ja avointen kysymysten tulokset sekä toiminta- ja henkilöstökertomukset sisällönanalyysin menetelmin. (Suonsivu 2018)

Tutkimuksen mukaan henkilöstö haluaa yhteistoimintamenettelyn kautta vaikuttaa päätöksentekoon ja johtamiseen. Henkilöstö haluaa, että valmisteltavat asiat käsitellään yhteistoiminta-menettelyssä ennen kuin tehdään päätöksiä. Selvennystä kaivattiin siihen, milloin ja missä asioissa yhteistoimintamenettely vaaditaan. Myös edustuksellisen yhteistyöryhmän tarkoituksen kirkastamista kaivattiin. Henkilöstöasiat laajasti ymmärrettyinä olivat niitä, joihin vastaajat halusivat yhteistoimintamenettelyn kautta vaikuttaa. Myös palkkaus mainittiin, vaikka niiden asioiden käsittelyyn on olemassa luottamusmiesjärjestelmä.

Oikeudenmukaisuus liittyy vahvasti päätöksentekoon ja johtamiseen. Henkilöstön hyvinvointiin ja jaksamiseen haluttiin myös vahvasti vaikuttaa yhteistoimintamenettelyn kautta. Usein nämä ovat hoidettavissa hyvälle tasolle ilman suuria määrärahatarpeita, kun henkilöstölle annetaan mahdollisuus ideoida ja pitkälti toteuttaa työhyvinvointia edistäviä toimia. Työolosuhteet ovat läheisiä asioita ja niihin halutaan vaikuttaa työsuojelun yhteistoiminnan keinoin. Muutokset organisaatiossa halutaan tehdä hallitusti ja yhdessä sovitusti. Henkilöstön aktiivisuus ja osallistaminen nähdään tärkeinä yhteistoimintamenettelyssä. (Suonsivu 2018).

Taulukko 2 Yhteistoimintamenettelyn organisointi

	Erinomaisesti / hyvin yhteensä % 2006	2014	Erinomaisesti / hyvin työnantaja % 2006	2014	Erinomaisesti / hyvin henkilöstö % 2006	2014
Yhteistoimintamenettely organisoitu - sairaanhoitopiiritasolla - toimialuetasolla - työyhteisötasolla	65,8 72,6 55,6	63,6 74,5 45,5	84,2 77,5 66,7	73,4 73,4 46,7	57,4 70,9 50,9	60,0 75,0 45,0
Asiat ohjattu käsittelyyn oikealle organisaatiotasolle - sairaanhoitopiiritasolle - toimialuetasolle - työyhteisötasolle	45,9 62,2 46,6	43,6 65,5 54,5	52,6 73,7 55,6	60,0 66,7 53,3	40,0 58,2 38,2	37,5 65,0 55,0
	Riittävästi / melko usein % yhteensä 2006	2014	Riittävästi / melko usein % työnantaja 2006	2014	Riittävästi / melko usein % henkilöstö 2006	2014
Yhteistyöryhmät kokoontuneet	83,8	94,6	89,5	93,4	81,8	95,0
	Aina % yhteensä 2006	2014	Aina % työnantaja 2006	2014	Aina % henkilöstö 2006	2014
Asiat saatu toimialueen yhteistyöryhmän käsittelyyn	97,2	94,5	94,7	86,7	98,1	97,5

Tulosten mukaan vastaajat olivat tyytyväisiä yhteistoimintamenettelyn organisointiin sairaanhoitopiirissä ja asioiden ohjaamiseen käsittelyyn oikeille organisaatiotasoille. Toimialueiden yhteistyöryhmät kokoontuivat keskimäärin kahdeksan kertaa vuodessa, siis lähes kuukausittain lukuun ottamatta kesäkuukausia. Kokoustiheyttä pidettiin riittävä. Vastaajat kokivat saaneensa lähes aina halutessaan asiansa yhteistyöryhmän käsittelyyn.

Yhteistoiminnan tavoitteet oli määritelty yhdessä työnantajan ja henkilöstön edustajien kanssa ja asiat yhteistyöryhmissä käsiteltiin melko usein yhteisymmärrykseen pyrkien. Yhteistyöryhmissä käsiteltiin asioita laajasti kumpanakin tutkimusvuotena. Toiminta yhteistyöryhmissä koettiin varsin hyvin osallistumista edistäväksi. Viestinnän hyödyntämisessä oli vastaajien mielestä vielä parannettavaa. Asioiden käsittelyn yhteistyöryhmässä nähtiin myös edistävän henkilöstön työhyvinvointia. Tuloksellisuuden edistämiseen uskoi vain runsas puolet vastaajista. Yhteistoimintamenettelyä koskevien säädösten ja sopimusten tunnettavuus oli vuonna 2006 paremmalla tasolla kuin vuonna 2014. Runsaasta koulutuksesta huolimatta henkilöstöedustajien yhteistyövalmiuksissa oli parannettavaa. (Suonsivu 2018).

Taulukko 3

Yhteistoimintamenettelyn tavoitteiden toteutuminen

	Aina/melko usein yhteensä %		Aina/melko usein työnantaja %		Aina/melko usein henkilöstö %	
	2006	2014	2006	2014	2006	2014
Asiat käsitellään yhteistyöryhmässä yhteisymmärrykseen pyrkien	90,5	94,6	94,8	89,1	87,3	97,5
Toiminta yhteistyöryhmässä on osallistumista edistävää	79,7	80,0	89,5	76,3	73,4	82,5
Viestintää hyödynnetään yhteistyöryhmässä tehokkaasti	67,6	63,6	63,2	60,4	69,1	65,0
Asioiden käsittely yhteistyöryhmässä edistää työhyvinvointia	74,3	76,4	84,2	66,6	70,9	80,0
Asioiden käsittely yhteistyöryhmässä edistää tuloksellisuutta	63,5	60,0	52,6	46,7	67,2	65,0

(Suonsivu 2018)

Taulukko 4

Vaikutusmahdollisuudet omaan työhön välittömän yhteistoiminnan keinoin

Välittömän yhteistoiminnan muoto	Erinomaiset/ hyvät yhteensä % 2006	2014	Erinomaiset/ hyvät työnantaja % 2006	2014	Erinomaiset/ hyvät henkilöstö % 2006	20014
Välitön keskustelu lähiesimiehen kanssa	82,2	89,1	88,9	86,7	80,0	90,0
Kehitys-keskustelu	75,4	81,8	88,9	80,0	70,9	82,5
Työnohjaus	28,3	36,3	31,5	26,6	25,5	40,0
Palautteen antaminen	63,1	76,3	73,7	80,0	59,2	75,0
Työpaikka-kokous	69,5	80,0	71,4	80,0	69,1	80,0
Tiedotus-tilaisuus	52,8	54,5	64,7	80,0	49,1	45,0
Koulutus- ja tiedotusluonteinen neuvottelu	59,2	56,3	66,6	80,0	49,1	47,5
Osallistuminen kehittämis-hankkeeseen	52,8	43,6	88,2	73,4	32,1	32,5
Laaturyhmä	32,9	21,9	70,6	26,6	21,8	20,0
Tiimi	53,6	56,4	62,5	60,0	43,4	55,0

(Suonsivu 2018)

Henkilöstön edustajat toivat esille asioiden käsittelyn toimialueen yhteistyöryhmässä vaikuttaneen myönteisesti vaikutus-mahdollisuuksiin koskien omaa työtä ja työyhteisöä, vähiten tuloksellisuuteen ja työmotivaatioon. Vastaajat halusivat vaikuttaa erityisesti johtamiseen ja asioiden valmisteluun ennen päätöksentekoa.

Työyhteisöissä paras välittömän yhteistoiminnan muoto oli kumpanakin tutkimusvuotena välitön keskustelu lähiesimiehen kanssa, toiseksi tärkein kehityskeskustelu ja kolmanneksi työpaikkakokous. Näillä pystyttiin parhaiten vaikuttamaan sekä omaa työtä että työyhteisöä koskeviin asioihin. Vähiten vaikuttamismahdollisuuksia tarjosivat työnohjaus ja laaturyhmä.

Kaikkiaan eri tutkimusvuosina noin kaksi kolmasosaa vastaajista arvio voivansa vaikuttaa omaa työtään koskeviin asioihin vähintään melko paljon. Omaa työyhteisöään koskeviin asioihin katsoi voivansa vaikuttaa kumpanakin tutkimusvuotena melko paljon lähes kaikki työnantajan edustajat, henkilöstön edustajista vuonna 2006 noin puolet ja vuonna 2014 noin kolmeneljäsosaa.

Taulukko 5

Vaikutusmahdollisuudet omaa työyhteisöä koskeviin asioihin välittömän yhteistoiminnan keinoin

Välittömän yhteistoiminnan muoto	Erinomaiset/ hyvät yhteensä % 2006	2014	Erinomaiset/ hyvät työnantaja % 2006	2014	Erinomaiset/ hyvät henkilöstö % 2006	20014
Välitön keskustelu lähiesimiehen kanssa	76,7	87,3	94,4	80,0	70,9	90,0
Kehitys-keskustelu	71,2	76,3	94,5	86,7	63,6	72,5
Työnohjaus	29,8	34,6	35,3	26,7	28,0	37,5
Palautteen antaminen	63,1	72,7	77,8	80,0	50,9	70,0
Työpaikka-kokous	72,6	76,4	77,8	80,0	70,9	75,0
Tiedotus-tilaisuus	47,9	54,5	66,7	66,7	41,8	50,0
Koulutus- ja tiedotus-luonteinen neuvottelu	53,4	56,3	77,8	86,6	45,5	45,0
Osallistuminen kehittämis-hankkeeseen	57,0	43,7	88,9	60	38,9	37,5
Laaturyhmä	29,2	18,2	58,8	26,7	20,4	15,0
Tiimi	50,0	49,1	64,7	60,0	45,5	45,0

(Suonsivu 2018)

Yhteistoimintaa edistävät tekijät

Yhteistoimintamenettelyä toimialueilla edistäviä tekijöitä esitettiin runsaasti. Vahvasti niistä nousivat esille:

yhteiseen päämäärään pyrkiminen

tavoitteiden tunteminen

vastakkainasettelun välttäminen

aito kuuleminen

näkemysten huomioiminen ennen päätöksentekoa

huolehtiminen osallistumisen edellytyksistä

säännölliset kokoukset

riittävä ja oikea-aikainen avoin tiedottaminen

hyvät yhteistyötaidot

toiminnan oikeudenmukaisuus

avoin ilmapiiri ja vuorovaikutus

Työyhteisöissä yhteistoimintamenettelyä edistivät pitkälti samat asiat kuin toimialueilla. Tärkeänä nähtiin myös:

päätöksiin sitoutuminen

osaava ja tasapuolinen esimiestoiminta

säännölliset työpaikkakokoukset

kehityskeskustelut,

henkilöstön mukaanotto suunnitteluun

hyvä tiedonkulku

hyvä työilmapiiri ja toimivat ihmissuhteet.

Yhteistoimintaa haittaavista tekijöistä toimialueilla keskeisiä olivat:

heikko johtaminen

osallistumisvaikeudet

puutteelliset kokousvalmistelut

riittämätön tiedon saanti

välinpitämättömyys ja passiivisuus

riittämätön tietämys yhteistoiminnasta.

Työyhteisöissä yhteistoimintaa haittasivat lisäksi:

lukkiutuneet asenteet

muutosvastarinta

luottamuspula

puutteet esimiestaidoissa

tietämättömyys ja osaamattomuus

liiallinen työkuormitus

työnohjauksen puute

toimimattomat ihmissuhteet.

Taulukko 6 Ongelmat yhteistoimintamenettelyssä

2006 **Tavoiteongelmat**	2014 **Tavoiteongelmat**
Ei tunneta riittävän hyvin, mitä yhteistoimintamenettely tarkoittaa ja mitä asioita kuuluu yhteistoimintamenettelyn piiriin	Liiallinen järjestö yt korostuu välillä
Yhteistoimintamenettelyn mahdollisuuksia ei tunneta tai ei arvosteta	Työntekijöiden taholta saisi tulla enemmän asioita yt-ryhmän käsiteltäviksi
Toiminta-, talous- ym. suunnitelmat vieraita rivityöntekijöille	Huomattavalle osalle työntekijöistä menettely on vieras, tietoa puuttuu toimintamahdollisuuksista
Ei jakseta kiinnostua muusta kuin työstä	Ihmiset eivät tiedä tarpeeksi yt-menettelystä
Perinteinen käsitys hallinnoinnista	Yhteistyöryhmän rooli ei tule tarpeeksi esille yt-menettelyssä
Liian byrokraattinen organisaatio ja keskittynyt päätöksenteko	Koetaan kokoukseksi kokousten joukossa
Sopimuksia ei aina noudateta	Ei ole yhteistä ymmärrystä mitä se tarkoittaa, tai sitten sitä ei haluta ymmärtää ja ajatellaan vain omaa etua
Avoimuus puuttuu vielä	
Tuntuu joskus muodolliselta	

Toimintaongelmat	Toimintaongelmat
Yhteistoimintamenettelyn mahdollisuuksia ei käytetä	Ajankäyttö ongelmallista, ei aikaa tutustua kokousasioihin etukäteen
Liian tiedotusluonteista	Aika ei riitä kyselemään henkilökunnalta asioita vietäväksi yt-kokoukseen
Kokousajat eivät aina sovi yhteen kliinisen työn kanssa	Vuorotyö rajoittaa osallistumista
Henkilöstön arkityön kiireellisyys haittaa osallistumista	Ajoittain riittävää tietoa riittävän aikaisessa vaiheessa ei saa
Aikataulujen yhteensovittaminen	Toimialuetasolla kaikkia sinne kuuluvia asioita ei tuoda ajoissa esille, vaan vasta kun asiat ovat jo käytännössä
Yhteistyöryhmä kokoontuu vielä liian harvoin	Toisinaan oman yt-tietojen saanti yhteistyöryhmään
Tieto ei aina kulje	
Työpaikkatasolla ei aina toimi	
Liiallinen hierarkia	
Asioita vasta opetellaan	
Pitkät virkavapaat tulppaa asioita	
Ei aikaa perehtyä asioihin	
Esityslistat ja pöytäkirjat tulevat myöhään	
Työyksiköistä informaatiota enemmän, miten yksittäinen työntekijä voi tuoda tärkeäksi	

kokemiaan asioita yhteistyöryhmän esityslistalle Henkilöstön passiivisuus Salamyhkäisyys suunnittelussa **Vaikutusongelmat** Vaikutusmahdollisuudet vähäiset Tietämättömyys vaikuttavuudesta Vähän kokemuksia tässä vaiheessa	**Vaikutusongelmat** Henkilöstö kokee ettei tule kuulluksi Miten jakaa tietoa ja taitoa Tiedon puute työyhteisössä haittaa asioiden eteenpäin vientiä ja käsittelyä Henkilöstö ei tuo asioita käsiteltäväksi ennakkoon, henkilöstö ei ole tietoinen vaikutusmahdollisuuksistaan

(Suonsivu 2018)

Yhteistoiminnan ydin on työnantajan ja henkilöstön voimavarojen yhdistäminen yhteisen päämäärän saavuttamiseksi. Etsitään hyviä ratkaisuja yhteistoiminnan keinoin, mutta ei rajoiteta päättäjien päätösvaltaa. Yleisesti ilmaistiin luottamuksen puutteen haittaavan tavoitteisiin pyrkimistä. Henkilöstöedustuksessa näyttää myös välillä korostuvan edunvalvonta yhteistoiminnan sijasta. Yhteistoiminnan onnistuminen edellyttää osallistujilta hyviä valmiuksia. Tässä on vielä parannettavaa. Samoin osallistumisen edellytyksissä, joista työnantajan tulee huolehtia. Tutkimustulosten mukaan sairaanhoitopiirin henkilöstöllä on kaiken kaikkiaan hyvät vaikutusmahdollisuudet yhteistoiminta menettelyn keinoin. (Suonsivu 2018).

Työsuojelun yhteistoimintaa koskevia tutkimuksia

Työsuojelun yhteistoimintaa on Suomessa tutkittu tieteellisesti varsin paljon. Näkökulmia ovat olleet esimerkiksi, sosiaalitaloudellisuus (Ahonen 1983), työsuojelulainsäädäntö (Perkka 1984, Hoskola 1989) ja työsuojelukoulutus (Kämäräinen 1999). Työturvallisuuskeskuksen toimesta työsuojelun yhteistoimintaa on tutkittu kunta-alalla, jolloin selvitettiin työsuojelutoimikuntien toimintaa, tavoitteita, sopimuksia ja päätöksiä tuottavina ryhminä (Tarkkonen 2005). 1980-luvulla Eklund ja Suikkanen käynnistivät työsuojelupoliittisen keskustelun ja tutkimuksen yhteiskuntatieteellisestä näkökulmasta (Eklund & Suikkanen 1982, 1984). He muun muassa ehdottivat yritysdemokratian ja työsuojelun yhteistoiminnan yhdistämistä. Suikkanen (1983) selvitti lisensiaatintyössään työsuojelun ja yhteistoiminnan alkuperää nostaen esille amerikkalaisen Safety First ajattelun. Suikkanen ja Eklund (1984) selvittivät työsuojelun uudistuksia ja vaikutuksia työsuojelun sisältöihin ja toteutukseen.

Parrukoski (1989) on selvittänyt työsuojelun ja työsuojelun yhteistoiminnan toteutusta ja koulutuksen vaikuttavuutta. Koivisto (1990) on puolestaan selvittänyt työsuojelukäytäntöjen ongelmia ja arvioinut lisensiaatintyössään (Koivisto 1992) kuntaorganisaation työsuojelupolitiikkaa. Tarkkonen (1993) on tutkinut kuntaorganisaatioiden työsuojelujärjestelmien ja työsuojelu-toiminnan kehittymissuuntia. Lappalainen ja Rantanen (1996) tutkivat työsuojelupäälliköiden näkemyksiä ja kokemuksia tehokkaista työsuojelutoiminnan muodoista. Tarkkonen (1998) kehitteli lisensiaatintyössään organisaatiokohtaista työsuojelujärjestelmää. Kämäräinen ((2001) on puolestaan tutkinut työsuojelun yhteistoimintaa valtion hallinnossa ja laitoksissa. Turvallisuusammattilaisten tehtävien ja pätevyyksien vertailu oli Saaren ja Perttulan (2004) tutkimuksen aiheena. He kiinnittivät huomiota muun muassa turvallisuusammattilaisten osaamiseen ja ajankäyttöön. Tarkkonen (2006) selvitti ensimmäisessä väitöstutkimuksessaan työsuojelupäälliköiden ja -valtuutettujen toimijuutta osana työorganisaatiota ja työorganisaatiokohtaista työsuojelujärjestelmää ja toisessa väitöstutkimuksessaan (Tarkkonen 2016) turvallisuuden ja hyvinvoinnin kokonaishallintaa estäviä ja vaikeuttavia uskomuksia. (Suonsivu 2018).

Henkilöstö yhteistyökumppanina

Suuressa sairaanhoitopiirissä voi työskennellä tuhansia ihmisiä, joista pääosa mielletään työntekijöiksi ja joista pienempi osa on johtajia ja esimiehiä. Miten tämä kokonaisuus saadaan puhaltamaan yhteen hiileen siten, että työt tulevat tehdyiksi ja tavoitteet saavutetaan? Pääosa työntekijöistä tekee ammattinsa mukaista työtä työyksiköissään, siihen keskittyen. Työnantajan puolelta läheisin yhteistyökumppani on lähiesimies, kuten vuodeosastolla osastonhoitaja tai työnjohtaja tukipalveluyksikössä. Pienempi osa henkilöstöstä toimii joko päätoimisesti tai osa-aikaisesti pääluottamusmiehenä, luottamusmiehenä tai työsuojeluvaltuutettuna tai yhteistoimintaelimessä järjestönsä tai ammattiryhmänsä edustajana. Nämä henkilöt ovat sairaanhoitopiirin, sairaalan tai toimialueen johdon kanssa monissa asioissa vuorovaikutuksessa, yhteistyökumppaneina, kuten myös eritason johtoryhmien henkilöstöedustajat.

Edellä luetellut yhteistyökumppanit henkilöstöstä ovat avainasemassa, kun puhutaan yhteistoiminnallisesta vaikuttamisesta työorganisaatiossa. Tutkiessani työnantajan ja henkilöstön välistä yhteistoimintaa eräässä sairaanhoitopiirissä selvitin mihin henkilöstön edustajat todella haluavat vaikuttaa.

Taulukko 7

Vastaajien halutut vaikutusmahdollisuudet toimialueilla

Johtaminen	Johtamistavat, johtamiskulttuuri, esimiesten kuuleminen, hoitohenkilöstön johtaminen Oikeudenmukaisuus, epäkohdat, epäoikeudenmukaisuudet, tasapuolisuus, oikeudenmukainen kohtelu
Henkilöstöasiat	Henkilöstöresurssit, kuten henkilöstön määrä, henkilöstön mitoitus, henkilöstön liikkuvuus, henkilöstön asema, hoitohenkilöstön asema Osaaminen; koulutus, perehdytys Henkilöstön työhyvinvointi, työterveyshuolto, työkykyä ylläpitävä toiminta, työssä jaksaminen
Toiminnan kehittäminen ja laatuasiat	Työelämän laatu
Omaan työtoimintaan liittyvät	Oma työ, työtehtävät, työn sisältö, työn määrä, työkierto

Organisaatiokulttuuri	Toimialueen kulttuurin kehitys
Ilmapiiriasiat	
Viestintä	Viestintä; viestinnän avoimuus, tiedon saanti, tiedon kulku, viestinnän selkeys
Talousasiat	Budjettiasiat, toiminnan suunnittelu
Palkkaus ja muut palvelussuhdeasiat	
Yhteistoiminnan valmistelu	Vaikuttamismahdollisuudet työpaikkakokouksissa, kuulluksi tuleminen, osallistuminen päätöksentekoon Valmistelussa olevat asiat
Työsuojelu	Työolosuhteet, työturvallisuus
Vapaa-ajan harrastusmahdollisuudet	Harrastusten mahdollistaminen, tukitoimet

Vastaajat halusivat vaikuttaa erityisesti johtamiseen ja oman yksikön esimiehen toimintaan. Pohdinta keskittyi toimialojen johtamiskulttuuriin ja johtamistapoihin. Sairaanhoitopiirissä työskentelee eniten hoitohenkilöstöä, joten tärkeäksi koettiin vaikuttaminen hoitohenkilöstön johtamiseen. Haluttiin myös, että esimiehiä kuullaan henkilöstön ja toiminnan asioissa.

Henkilöstöasiat ovat henkilöstölle luonnollisesti tärkeitä. Esimerkkeinä asioista joihin haluttiin vaikuttaa oli resurssointi, henkilöstön määrä, henkilöstön mitoitus, henkilöstön liikkuvuus, henkilöstön, etenkin hoitohenkilöstön asema, budjettiasiat, henkilöstön työhyvinvointi, työterveyshuolto, työkykyä ylläpitävä toiminta, työssä jaksaminen mukaan lukien esimiesten työssä jaksaminen. Jaksamista lisäsi kokemus oikeudenmukaisuudesta (epäkohdat, epäoikeuden-mukaisuudet, tasapuolisuus, oikeudenmukainen kohtelu) johdon, kaikkien päättäjien, toimijoiden ja työtovereiden kohtelusta. (Suonsivu 2018).

Vaikuttaa haluttiin ja henkilöstön mukaanottoa toivottiin toiminnan ja työelämän laadun sekä oman työn (hoitotyö, työtehtävät, työn sisältö, työn määrä, työkierto, potilastyö, hoidon laatu, vuodeosastojärjestelyt) kehittämiseen. Eräs vastaaja ilmaisi asian osuvasti:

> ”Henkilöstön aloitekyvyn hyödyntämiseen toiminnan parantamisessa, purnausenergian jalostaminen aloitteiksi ja kehittämishankkeiksi”

Organisaation viestinnän avoimuus, tiedon saanti, tiedon kulku ja viestinnän selkeys nousivat myös esille monen vastaajan näkemyksenä. Viestinnän luotettavuuteen ja oikea-aikaisuuteen kiinnitettiin huomiota ja viestinnän eri muotoihin haluttiin myös vaikuttaa ja niitä kehittää. Vaikuttamismahdollisuuksia haluttiin lisätä toimialueiden organisaatiokulttuuria ja sen kulttuurin kehitystä ajatellen. Vaikuttamismahdollisuuksia haluttiin laajentaa myös työilmapiirin parantamiseksi. Työssä viihtyminen, työn ilo, yhdessä tekeminen, yhteishenki ja yhteistyövalmiudet koettiin tärkeiksi.

Vaikuttamista yhteistoimintamenettelyn avulla voitiin käytännössä toteuttaa työpaikka- ja osastonhoitaja-kokouksissa, joissa kuulluksi tuleminen ja osallistuminen päätöksentekoon mahdollistuivat. Vastauksista ilmeni, että asioiden valmistelu ja käsittely sekä päätökset tuodaan usein tiedoksi yhteistyöryhmän kokouksiin. Sieltä ne tulisi viedä työpaikan eri kokouksiin ja osastohoitajakokouksiin ja näin ne tulisivat entistä aiemmin ja avoimemmin tiedoksi ja käsittelyyn. (Suonsivu 2018)

Taulukko 8

Vastaajien halutut vaikutusmahdollisuudet yhteistoimintamenettelyllä.

Asiat	Autenttiset vastaukset
Johtaminen, päätöksenteko	Päätöksenteon check-listassa pitäisi aina olla kohta: Vaatiiko yt-menettelyä? Hoitohenkilöstön johtamiseen
Tavoitteet, periaatteet	Yhteisten linjausten esittely
Henkilöstöasiat, henkilöstöresurssit, henkilöstömitoitus. Työn määrä ja laatu Palkkaus, työsuhteet Koulutus Vuorovaikutus, yhteistyö Henkilöstön kuuleminen ja rohkaisu Avoimuus Työhyvinvointi	Hoitohenkilöstön asemaan Potilastyön laadun parantaminen oikeilla resursseilla Yhteistyövalmiuksiin ja yhteishenkeen Vielä suurempaan avoimuuteen Asioista puhutaan niiden oikeilla nimillä Henkilöstön hyvinvointi, jaksaminen, työtyytyväisyys

	Kaikkien toimipisteiden työviihtyvyyden ja toiminnan parantamiseen
Viestintä, tiedon kulku ja ajoitus	Tiedonkulun kaksisuuntaisuuden korostaminen
Esimiestyön oikeudenmukaisuus, tasapuolisuus	Siihen, että asioista olisi eri vastuualueilla samanlaiset käytännöt, eriarvoisuus minimiin Kaikenlaisen eriarvoisen kohtelun poistamista. Vaikeimmissakin asioissa työntekijöille olisi taattava esimiesten tuki toimia sairaanhoitopiirin ym. lakien ja sääntöjen mukaisesti
Muutoksen hallinta	Muutoksissa elämiseen yhdessä hyvine ja huonoine vaiheineen Yhdessä päämäärään keskustellen, mutta tavoitteellisesti järkevillä ihmisen muutoskyvyn huomioon ottavilla aikatauluilla. Vastuualuejohtajallakin pitäisi olla tähän aikaa

	Toiminnan muutokset, jotka vaikuttavat työtehtäviin, toimintaan osastolla Muutoksen tuulet osattaisiin välittää positiivisella mielellä henkilöstölle Muutoksista ajoissa infoa kaikille
Työsuojelu, työolot	Selkeät pakolliset ohjeet tuohon tupakoimiseen yksiköille
Vaikutusmahdollisuudet yleisesti	Henkilöstön oma aktiivisuus ja osallistuminen tärkeätä Henkilökunnan äänen kuulumisen vahvistuminen päätöksentekotasolle Yksittäisen työntekijän kokemukseen kuulluksi tulemisesta Tietoisuudesta, että on tärkeä tekijä yhteisössään Yhteistyöryhmän toiminnan tarkoitus on kirkastettava ja viestiä siitä henkilöstölle

Henkilöstö yhteistyökumppanina haluaa nimenomaan yhteistoimintamenettelyn kautta vaikuttaa päätöksentekoon ja johtamiseen. Henkilöstö haluaa, että valmisteltavat asiat käsitellään yhteistoimintamenettelyssä ennen kuin tehdään päätöksiä. Kaikille ei ole selvää milloin ja missä asioissa yhteistoimintamenettely vaaditaan. Myös edustuksellisen yhteistyöryhmän tarkoituksen kirkastamista kaivataan. Henkilöstöasiat laajasti ymmärrettynä ovat niitä, joihin vastaajat haluavat yhteistoimintamenettelyn kautta vaikuttaa. Oikeudenmukaisuus liittyy vahvasti päätöksentekoon ja johtamiseen. Henkilöstön hyvinvointiin ja jaksamiseen halutaan myös vahvasti vaikuttaa yhteistoimintamenettelyn kautta. Usein nämä ovat hoidettavissa hyvälle tasolle ilman suuria määrärahatarpeita, kun henkilöstölle annetaan mahdollisuus ideoida ja pitkälti toteuttaa työhyvinvointia edistäviä toimia. Työolosuhteet ovat läheisiä asioita ja niihin halutaan vaikuttaa työsuojelun yhteistoiminnan keinoin. Muutokset organisaatiossa halutaan tehdä hallitusti ja yhdessä sovitusti. Henkilöstön aktiivisuus ja osallistaminen nähdään tärkeinä yhteistoimintamenettelyssä. (Suonsivu 2018).

Päätösten tien mäet ja mutkat

Koronaepidemian hoito ja hallinta Suomessa osoitti konkreettisesti päätöksenteon moniportaisuuden ja ongelmallisuuden. Piti tehdä nopeasti päätöksiä, joilla koronaviruksen leviämistä voitiin hidastaa. Tämä oli välttämätöntä, jotta terveydenhuollon resurssit olisivat riittäneet potilaiden hoitamiseen, etenkin tehohoidossa. Piti myös huolehtia maailmalta Suomeen palaavien kansalaisten ohjaaminen lentoasemalta 14 päivän karanteeniin siten, että eivät olisi mahdollisesti tartuttaneet ketään. Tämä vaati hyvää yhteistyötä ja koordinaatiota eri hallinnonalojen viranomaisten kesken. Aluksi tämä ei toiminut riittävän hyvin. Hallitus pääministeri Sanna Marinin johdolla puuttui havaittuihin epäkohtiin ja yhteistyön toimimattomuuteen. Seuraavassa poimintoja pääministeri Marinin 1.4.2020 hallituksen tiedotustilaisuudessa esittämistään puheenvuorosta:

> Kriisi koskettaa koko yhteiskuntaa, siksi toimenpiteet ovat olleet laajoja.
>
> Tavoitteena sosiaalisten kontaktien rajaaminen, jotta virus ei leviäisi.
>
> Lainsäädäntötyö on ollut iso urakka ministeriöille. Päätösten jalkauttaminen kentälle samoin.

Suositukset, ohjeet ja määräykset ministeriöiltä. Valmistelu on vienyt aikaa ja resursseja, mutta on toimittu mahdollisimman nopeasti.

Kriisiaikoinakin on pidettävä kiinni valtionhallinnon perusperiaatteista. Ministeriöt valmistelevat oman hallinnonalansa lainsäädäntöä ja ohjeita.

Valtioneuvosto toimii kollegiona ja on tehnyt päätökset yksituumaisesti.

Tässä tilanteessa päätöksiä pitää tehdä puutteellisen ja epävarman tiedon pohjalta. Olemme tehneet päätöksiä THL:n ja muiden asiantuntijoiden tietojen pohjalta.

Poikkeusolojen johtaminen vaatii tehokasta organisoitumista myös valtion hallinnolta. Hallintoalojen rajat on pystyttävä ylittämään ja tekemään saumatonta yhteistyötä. Kaikkien osapuolten on pystyttävä toimimaan erittäin tiukoissa aikapaineissa.

Tehdyt linjaukset on pystyttävä jalkauttamaan myös kuntien hallintoon ja sairaanhoitopiireihin

Kaikissa tapauksissa emme ole pystyneet yhteistyöhön eri hallinnonalojen ja viranomaisten kesken. Helsinki-Vantaan lentoaseman asiat ovat useamman viranomaisen ja ministeriön alaisuudessa. Tässä tieto ei ole kulkenut ja koordinaatio ei ole toiminut eri toimijoiden välillä niin kuin olisi pitänyt.

> Siksi valtioneuvosto on päättänyt vahvistaa koronaorganisaatiota. Valtioneuvoston kansliaan perustetaan koronakriisiin keskittyvä operaatiokeskus. Myös muun muassa kansliapäälliköistä koostuvaa covid19-koordinaatioryhmää laajennetaan.
>
> Vetoomus kansalaisille, noudattakaa annettuja ohjeita ja määräyksiä.

Juntusen ym. (2009) mukaan on tärkeätä, että sekä valtionhallinnossa että kunnissa varaudutaan erilaisiin häiriötilanteisiin ja uhkiin ennakolta. Tällöin eteen tulevat tilanteet voidaan hallitusti hoitaa. Kuten pääministeri edellä toteaa, on pystyttävä saumattomaan yhteistyöhön yli hallinnollisten rajojen. Kriisitilanteissa päättäjien työ on erittäin vaativaa, koska joudutaan tekemään päätöksiä riittämättömien tietojen pohjalta. Tämä tilanne myös kuormittaa ja tuo mukanaan jaksamisongelmia. Vaarana on, että huolellisuus vähenee ja virheet lisääntyvät. Juntusen ym. mukaan ”valtioneuvostotasolla kriisitilanteen hallintatoimiin tulisi kytkeä nykyistä laajempi, mutta samalla paremmin organisoitu joukko asiantuntijoita. Nykyistä selkeämpi toiminnan organisointi auttaisi valtionhallinnon avainhenkilöitä jaksamaan paremmin”.

Johtajat ja esimiehet avainasemassa

Mitä on johtaminen? Johtaminen on ennen kaikkea jatkuvaa päätöksentekoa. Asioita valmistellaan, asetetaan tavoitteita, organisoidaan ja koordinoidaan toimintaa. Pyritään saavuttamaan asetetut tavoitteet. Juhani Tarkkonen näkee johtajuuden rooli- ja vuorovaikutusprosessina matkalla kohti asetettuja tavoitteita (Tarkkonen 2005). Päätöksiä tehdään kaikilla organisaatiotasoilla ja päätöksiä tekevät nimenomaan johtajat ja esimiehet. He päättävät mitä tehdään, milloin tehdään ja kuka tekee? Miten tiedetään, että tehdään hyviä ja oikeita tavoitteiden toteutumiseen johtavia päätöksiä? Täysin tätä ei aina tiedetäkään. Ihmisen, myös johtajan ja esimiehen, kyky tehdä rationaalisia kaikki tekijät huomioon ottavia päätöksiä on rajallinen. Tehdään siis myös jälkikäteen arvioiden huonojakin päätöksiä. Päätöksiä on kuitenkin koko ajan tehtävä, muutoin asiat eivät etene ja tavoitteisiin ei päästä. Mikäli työyhteisössä ei kyetä tekemään päätöksiä myös vaikeistakin asioista, epävarmuus lisääntyy ja henkilöstö turhautuu (Stenvall 2007). Kaikki johtajat eivät ole hyviä tekemään päätöksiä. Päättämättömyys ja päätöksenteon siirtäminen eteenpäin vaikeuttaakin toimintaa joskus huomattavasti.

Kaija Suonsivu on kuvannut terveydenhuollon johtajien asemaa ja vaatimuksia seuraavasti: ”Johtajat työskentelevät puun ja kuoren välissä. Johtajille luovat haasteita palveluja saavat, asiakkaat, potilaat, heidän läheiset ja omaiset sekä opiskelijat. Organisaation sisällä odotuksia luovat alaiset, henkilöstö, esimiehet ja johto sekä luottamushenkilöt. Lisäksi haasteita asettavat luottamusmiehet ja työturvallisuus-henkilöstö. Organisaation ulkopuoliset tahot, kuten ammattijärjestöt, kansalaiset, poliitikot, median edustajat ja oppilaitosten yhteistyökumppanit luovat myös osaltaan vaateita.” (Suonsivu 2020). Tässä ympäristössä ja näissä vaateissa johtajan työ ja päätöksenteko on vaativaa. Yhteistoimintalain velvoitteet päätöksentekoprosessissa tulee myös ottaa huomioon.

Jos ratkaistavana oleva asia kuuluu yhteistoimintamenettelyn piiriin, johtajilla ja esimiehillä on yhteistoimintalain mukainen velvollisuus kuulla ennen päätöksentekoa ainakin niitä henkilöitä, joita tehtävä päätös koskee. Henkilöstölle on tällöin selvitettävä ja heidän kanssaan neuvoteltava suunnitellun toimenpiteen perusteista, vaikutuksista ja vaihtoehdoista.

Tämä tulee tehdä yhteistoiminnan hengessä ja on pyrittävä yksimielisyyteen. Aina ei yksimielisyyteen hyvästä tahdosta huolimatta päästä ja neuvottelut voivat tällöin päätyä erimielisyyteen. Joka tapauksessa, kun yhteistoimintamenettely on käyty, asianomainen päätöksentekijä tekee asiassa päätöksen.

Yhteistoimintamenettely ei siis rajoita päättäjän päätösvaltaa, mutta antaa päätöksen tekijälle eriomaisen mahdollisuuden kuulla henkilöstön mielipide ja saada parhaassa tapauksessa henkilöstöltä arvokasta tietoa ja näkemyksiä asian ratkaisemiseksi parhaalla mahdollisella tavalla. Yhteistoimintamenettelyssä vastaavasti henkilöstö saa johtajilta ja esimiehiltä, huhupuheiden sijasta, tosiasiatietoja asiasta ja pääsevät vaikuttamaan ratkaisuun. Yhteistoimintamenettely kunta-alan työpaikoilla tarjoaa siten erinomaisen tien hyviin päätöksiin.

Aina eivät johtajat ja esimiehet ole mieltäneet yhteistoiminnan merkitystä ja hyötyä omalle johtamistoiminnalleen eivätkä halua ymmärtää yhteistoimintalain velvoitteita. Saatetaan siis tehdä päätöksiä ja tuoda ne tiedoksi henkilöstölle ilman että päätöksen perusteluista, vaikutuksista ja vaihtoehdoista olisi neuvoteltu henkilöstön tai henkilöstön edustajien kanssa ennen päätöksentekoa. Asian luonne, laajuus ja merkitys saatetaan nähdä eri tavoin kuin miten henkilöstö sen näkee ja kokee. Yhteiset koulutustilaisuudet usein auttavat korjaamaan tällaiset asiat.

Johtamismalleja on vuosikymmenten saatossa tullut kokeiluun ja käytäntöön todella paljon. Painotukset näissä malleissa ovat kovin erilaisia, kuten jo yhdyssanan alkuosa kertoo. Esimerkkejä:

tavoitejohtaminen
strategiajohtaminen
verkostojohtaminen
palvelujohtaminen
tulosjohtaminen
prosessijohtaminen
laatujohtaminen
resurssijohtaminen
voimavarajohtaminen
ikäjohtaminen
valmentava johtaminen

Henkilöstön vaikutusmahdollisuudet toteutuvat ehkä parhaiten strategisessa henkilöstöjohtamisessa. Tällä tarkoitetaan sitä, että henkilöstöjohtaminen kytketään organisaation strategioihin. Siinä huomioidaan organisaation toimintaympäristön, organisaation strategian ja henkilöstöstrategian yhtenevyys. (Storey 2001). Kunnallinen työmarkkinalaitos on määritellyt strategisen henkilöstö-johtamisen seuraavasti:

> ”Strateginen henkilöstöjohtaminen tai ihmisvoimavarainen henkilöstövoimavarojen hallinta (Strategic human resource management, SHRM) voidaan määritellä eri tavoilla. Tässä asiakirjassa sillä tarkoitetaan kunnan/ kuntayhtymän (palvelussuhteiden rajaamien) inhimillisten toimintajärjestelmien tiedollisten, taidollisten, emotionaalisten, motivaationaalisten ja sosiaalisten voimavarojen jatkuvaa ja pitkätähtäyksellistä tietoon ja oppimiseen perustuvaa hallintaa. Strategisen henkilöstöjohtamisen avulla toteutetaan organisaation strategioita muun muassa ihmisvoimavarojen hankkimisella, ylläpitämisellä, uusintamisella, suuntaamisella, kannustamisella, valtauttamisella ja voimaantumisella (empowerment), turvallistamisella sekä jatkuvalla kehittämisellä.” (Kunnallinen työmarkkinalaitos 2003)

Strategia sisältää keinot, joilla päästään nykytilasta tavoitetilaan (Lumijärvi, Virta & Kujanpää 2003). Hyvä strategia auttaa suuntamaan voimavarat siten, että organisaation tavoitteet saavutetaan. Strateginen johtaminen on prosessi, jossa strateginen suunnittelu yhdistetään henkilöstöjohtamiseen. (Tompkins 2002, Subramony 2006).

Sairaanhoitopiirit ja kunnalliset terveydenhuollon yksiköt ovat julkisia organisaatioita, joissa toiminnan perustana on yleinen etu ja tavoitepohjat ovat yhteiskunnallisia. Tämä näkyy myös johtamisessa. Yksityisessä johtamisessa sen sijaan lähtökohtana on yksityinen intressi ja tavoitteet nojaavat yksittäisen organisaation menestykseen ja voittoon. (Koivuniemi 2004).

Hyvä johtaminen alkaa itsensä johtamisesta. ”Kun olemme opetelleet johtamaan itseämme, voimme siirtyä johtamaan muita. Hyvä itsensä johtaminen pitäisikin nähdä koko johtamisen ytimenä” (Suonsivu 2019). Hiltusen (2012) mukaan hyvän johtajan tärkein ominaisuus on johdonmukaisuus päätöksenteossa ja siitä seuraava ennustettavuus. Toiminnan muutokset asettavat johtajien ja esimiesten kyvyt ja johtamisosaamisen koetukselle. Salon ja Leistin (1994) mukaan johtajuuden merkitys korostuukin juuri näissä muutostilanteissa. Vaativa johtaminen ja esimiestyö voivatkin johtaa siihen, että johtajat ja esimiehet kokevat riittämättömyyttä (Suonsivu ja Surakka 2014).

Jari Hakanen (2016) painottaa asiakaspalvelua mikä on hyvää vain silloin, kun työntekijät voivat hyvin ja työskentelevät hyvällä mielellä. Johtajien ja esimiesten tehtävänä on pitää hyvää huolta työntekijöistä, tuloksen tekijöistä. Siten Hakasen mukaan työorganisaation strategiat ja tavoitteet voivat toteutua mahdollisimman hyvin.

Organisaatioissa pyritään löytämään parhaat johtamistavat ja -mallit. Vuonna 2020 myös Suomessa levisi koronavirus nopeasti ja asetti johtamiselle ja päätöksenteolle suuria vaatimuksia. Mikä johtamismalli sopisi tällaiseen kriisitilanteeseen parhaiten? Maan hallitus joutui tekemään nopeasti muuttuvissa tilanteissa vaikeita ja vaikuttavia päätöksiä. Piti löytää tie sellaisiin päätöksiin, että kansalaisia suojeltaisiin tappavalta virukselta ja tuettaisiin yrityksiä selviytymään tilanteesta. Vastassa oli uusi taudin aiheuttaja, josta eivät asiantuntijatkaan tienneet tarpeeksi. Jouduttiin punnitsemaan inhimillisiä ja taloudellisia tekijöitä päätöksiä valmisteltaessa. Toisaalta tarvittiin vahvaa rationaalista johtamista, mutta koko ajan piti huomioida inhimillisyys päätöksissä.

Ilman koronaakin johtaminen on kehittynyt ihmisläheisempään suuntaan. Johtajat ja esimiehet toimivat entistä enemmän henkilöstönsä kannustajina ja tukijoina. Oppia on otettu urheilun puolelta, jossa hyvät valmentajat saavat joukkueensa menestymään. Siirtymistä valmentavaan johtamiseen on näkyvissä monissa työyhteisöissä. Henkilöstöään kuunteleva ja yhteistoiminnallisesti toimiva johtaja tai esimies saa henkilöstöltään tiedot ja tuen päätöksilleen, hyville päätöksille. Jääkiekkovalmentaja Rauno Korpi on todennut, että aktiivinen valmentava johtaminen on jatkuvaa yhteistyötä, jotta vaativiin tavoitteisiin päästään. (Korpi, Tanhua 2007). Vahvan kontrollin ja määräämisen sijasta painottuvat luottamus ja vastuullisuus.

Tutkijat ovat todenneet kontrollin ainakin osittain muuttuneen luottamukseksi, vapaudeksi ja vastuunotoksi (Cunningham & Hyman 1999). Terveydenhuollossa on nähty myös vaikeuksia luopua johtamisessa vanhoista toimintatavoista (Kinnunen & Vuori 1999). Johtaminen kohdistuu aina sekä toimintaan että henkilöstöön. Työpaikkatasolla johtaminen on vaativaa esimiestyötä. Esimies huolehtii alaisistaan ja työyhteisöstään. Samanaikaisesti ylin johto edellyttää lojaalisuutta ja ymmärrystä muutosten suhteen. (Suonsivu 2014.) Tutkijoiden mukaan toiminnan johtaminen vaikuttaa myös henkilöstön jaksamiseen, etenkin jos johtaminen on etääntynyt perustyöstä (Suonsivu 2013).

Gilsonin (2003) mukaan johtamisessa eräs keskeinen luottamustekijä on oikeudenmukaisuus. Toimitaan rehellisesti ja pidetään sopimukset. Leivon (2011) mukaan sairaalaorganisaatiossa tuloksellisuuteen vaikuttaa keskeisenä tekijänä koettu päätösten oikeudenmukaisuus. Oikeudenmukaisen johtamisen ja henkilöstön työhyvinvoinnin yhteydet ovat myös tutkimuksissa havaittu (Kauppinen ym. 2013). Oikeudenmukainen johtaminen lisää työntekijöiden sitoutumista, vähentää henkilöstöryhmien välistä kitkaa ja parantaa yhteistoiminnan edellytyksiä. Kun henkilöstöjohtaminen kytketään organisaation strategioihin puhutaan strategisesta henkilöstöjohtamisesta. Siinä huomioidaan organisaation toimintaympäristön, organisaation strategian ja henkilöstöstrategian yhtenevyys. (Storey 2001).

Menestyneissä organisaatioissa nimenomaan henkilöstövoimavarojen johtaminen on kunnossa. Henkilöstöjohtamisella on vaikutuksia myös henkilöstön motivaatioon, sitoutumiseen ja hyvinvointiin. Francis ja Keegan (2006) näkevät henkilöstöjohtamisessa selvän kaksijakoisuuden (duaalisuus), pehmeä ja kova johtaminen, lyhyen ja pitkän aikajänteen sekä kustannukset ja resurssit. Henkilöstöjohtamisessa joudutaankin tasapainoilemaan eri tavoitteiden ja vaikutusten kanssa, esimerkiksi joustavuus – sitouttaminen, tai menojen vähentäminen – henkilöstön hyvinvointi, tai toiminnan tehostaminen – motivointi. Henkilöstön mahdollisuudet vaikuttaa omaa työtään ja työyksikköään koskeviin asioihin toteutuu parhaiten henkilöstöjohtamiseen kytkettynä vaikuttamisena. (Suonsivu 2018).

Ammattijärjestöyhteistyö

Työnantajan ja henkilöstön välistä yhteistoimintamenettelyä julkisessa terveydenhuollossa säädellään lailla (Laki työnantajan ja henkilöstön välisestä yhteistoiminnasta kunnissa 449/2007). Toiminta käytännössä on sovittu ja ohjattu työnantajan ja henkilöstöä edustavien sopijajärjestöjen kesken tehdyllä paikallisella yhteistoimintasopimuksella tai muulla vastaavalla yhteistoiminta-asiakirjalla. Etenkin edustuksellisessa yhteistoiminnassa ammattijärjestöjen rooli on merkittävä. Terveydenhuollon yksikköjen henkilöstö kuuluu moniin eri ammattijärjestöihin. Tämä asettaa haasteita sekä järjestöjen keskinäiselle yhteistyölle että toiminnalle työnantajaa kohtaan. Ammattijärjestöjen pitää sopia esimerkiksi yhteistoiminta-elimien henkilöstöedustajien määrästä työnantajan kanssa. Tämän jälkeen ammattijärjestöjen pitää keskenään sopia edustuspaikkojen jakautumisesta järjestöjen kesken. Aina tämä ei ole helppoa, vaikka jako suhteutettaisiin jäsenmääriin. Myös yhteistoimintaelinten puheenjohtajuus, joka usein on vuorovuosin työnantajan ja työntekijöiden edustaja, voi aiheuttaa kiistaa järjestöjen kesken.

Myös toiminta työnantajaan päin voi järjestöstä riippuen olla hyvinkin erilaista, kuten esimerkiksi yhteistyötä edistävää tai kriittistä toimintaa. Aina ei myöskään muisteta, että virka- ja työehtosopimuksilla sovittua edunvalvontaa varten on oma järjestelmänsä, luottamusmiesjärjestelmä. Myös oman ammatillisen järjestön asettamat tavoitteet ja ohjeet edunvalvonnalle vaikuttavat toimintatapoihin. Ammattijärjestöillä onkin työpaikoilla paljon valtaa. Joskus järjestön asettamia tavoitteita ajetaan voimakkaasti, esimerkkinä joukkoirtisanomiset, joissa työnantaja joutui tukalaan tilanteeseen hoitaakseen terveydenhuollon perustehtävät sairaaloissa.

Työsuojelu ja työturvallisuus terveydenhuollossa ovat erittäin tärkeitä. Suomessa onkin hyvin organisoitu työsuojelun yhteistoiminta. Työsuojelun avulla pyritään siihen, että työpaikat ja työ olisivat turvallisia eikä kenenkään terveys työssä vaarantuisi. Tavoitteet ovat siis yhtenevät sekä työnantajalla että henkilöstöllä. Käytännön työelämässä tämä tavoite onkin kirkkaana mielessä niin työnantajan nimeämillä työsuojelupäälliköillä kuin henkilöstön valitsemilla työsuojeluvaltuutetuilla.

Yhteistyö sujuukin yleensä hyvin. Varsinkin silloin, jos työsuojeluvaltuutettu on omaksunut oikein tehtävänsä, on tasapainoinen persoona ja toimii arkisissa tilanteissa rakentavasti. Valitettavasti aina ei ole näin, vaan ammattijärjestön valtapyrkimykset näkyvät joskus myös työsuojeluvaltuutetun käytöksessä. Jos asiat eivät suju järjestön tavoitteiden mukaisesti, yhteys järjestön päämajaan otetaan herkästi ja muistutetaan työnantajaa, että "meillä on siellä joukko lakimiehiä, jotka hoitavat voiton meille". Aina ei siis ole eväitä hyville päätöksille.

Pääluottamusmiestoiminta on ammattijärjestöjen keskeistä toimintaa työpaikoilla. Myös tässä saatetaan toimia ylimielisesti ammattijärjestön puolelta. Eräässäkin kuntayhtymässä pääluottamus kieltäytyi käymästä teknisen esimiehensä kanssa kehityskeskustelun, vaikka jokaisen työntekijän velvollisuus oli se käydä. On myös ollut tilanteita, joissa työntekijä on tullut esimiehensä kanssa normaaliin työkeskusteluun vain yhdessä luottamusmiehen kanssa tai jopa ulkopuolisen lakimiehen kanssa. Voi kysyä mikä tällöin on luottamuksen taso ja syntyykö hyviä päätöksiä?

Edunvalvonnasta yhteistoimintaan

Työntekijöiden palkka- ja palvelussuhdeasiat on perinteisesti hoidettu työpaikoilla luottamusmiesjärjestelmän kautta. Valtakunnalliset palkkaratkaisut jättävät useimmiten osan palkankorotuksista paikallisesti päätettäviksi. Näissä paikallisneuvotteluissa työntekijäjärjestöjen pääluottamus-miehet ja luottamusmiehet pitävät luonnollisesti tiukasti edustamansa järjestön jäsenten puolia. Samoin esimerkiksi silloin, kun on kysymys virka- ja työehtosopimusten pykälien määräysten soveltamisesta käytäntöön työpaikoilla. Suhteessa työnantajatahoon järjestöjen edustajat joutuvat tiukoille erityisesti työtaistelutilanteissa. Lakkoon liittyy asioita, joista on sovittava työnantajan kanssa, kuten esimerkiksi suojatyöstä sopiminen. Työnantajan edustajien ja henkilöstön edustajien näkemykset voivat olla hyvinkin erilaisia ja tilanteet voivat kärjistyä.

On varsin yleistä, että yhteistoimintaorganisaatiossa toimiva henkilö on myös järjestönsä pääluottamusmies, luottamusmies tai työsuojeluvaltuutettu. Kun yhteistoiminnan ydin on työnantajan ja henkilöstön voimavarojen yhdistäminen yhteisen päämäärän saavuttamiseksi, asetelma muuttuu verrattuna edunvalvontaan. Samojen henkilöiden, jotka luottamusmiesorganisaatiossa toimivat tiukasti edunvalvojina, tuleekin yhteistoiminnan puolella pyrkiä kaikin tavoin yhdistää voimavarat työnantajan kanssa, jotta päästäisiin yhteisesti sovittuihin tavoitteisiin työorganisaatiossa. Tämä vaatii henkilöstön edustajilta laajaa näkemystä, tahtoa, taitoa ja osaamista sekä tasapainoista persoonallisuutta. On paljon henkilöstöedustajia, joilta rakentava yhteistoiminta työnantajan kanssa onnistuu ja johtaa organisaatiossa hyviin päätöksiin ja sen myötä yhteisten tavoitteiden toteutumiseen.

Valitettavasti aina ei edunvalvonnasta päästä hyvään toimivaan yhteistoimintaan, vaan osa henkilöstön edustajista toimii edunvalvonta edellä. Tämä ilmenee esimerkiksi siten, että yhteistyöelimissä yritetään saada käsittelyyn palkka-asioita, vaikka ne ovat luottamusmiesjärjestelmässä käsiteltäviä. Yritetään siis oman ammattiryhmän osalta käyttää sekä luottamusmiesjärjestelmää että yhteistoimintajärjestelmään oman ammattijärjestön asettamien edunvalvontatavoitteiden saavuttamiseksi.

Myös työnantajan edustajien osalta siirtyminen yhteistoiminnan piirin voi olla ongelmallista. Sama työnantajan edustaja, joka on ollut tiukoissa paikallisneuvotteluissa ammattijärjestöjen edustajien kesken, toimiikin nyt yhteistoiminnan edistäjänä yhteistoimintaelimessä tai suoraan esimiehenä työpaikalla. Johtajat ja esimiehet ovat tottuneet tekemään hyvin itsenäisesti päätöksiä ja tiedottamaan päätöksistä henkilöstölle. Osalle heistä saattaa olla vaikeaa mieltää yhteistoiminnan vaatimuksia käsitellä asioita yhdessä henkilöstön tai henkilöstön edustajien kanssa ennen päätöksentekoa.

Yhteistoimintalaki kuitenkin toteaa tämän velvoitteen selvästi eli ”Yhteistoimintamenettely tarkoittaa yhteistoimintalain mukaan sitä, että ennen kuin työnantaja ratkaisee yhteistoiminnan asiapiiriin kuuluvan asian, hänen on neuvoteltava yhteistoiminnan hengessä toimenpiteen perusteista, vaikutuksista ja vaihtoehdoista ainakin niiden työntekijöiden ja toimihenkilöiden tai henkilöstön edustajien kanssa, joita asia koskee". (Laki työnantajan ja henkilöstön välisestä yhteistoiminnasta kunnissa 2007.)

Päätöksentekijän tulee siis hyvässä hengessä selvittää miksi toimenpide pitää tehdä ja mitkä ovat sen vaikutukset esimerkiksi toimintaan, talouteen ja henkilöstöhenkilöstölle. Usein tarvittaville toimenpiteille on vaihtoehtoisia toteutustapoja. Ne tulee selvittää ja neuvotella niistä yhteisymmärrykseen pyrkien. Tässä kysytään vuorovaikutustaitoja ja luottamusta sekä työnantajan että henkilöstö edustajilta. Kun tässä onnistutaan, tie hyviin päätöksiin on esteetön.

Yhteisöllisyyden mahdollisuudet

Työyhteisön yhteisöllisyys

Yhteisöllisyydellä on kirjallisuudessa monia määritelmiä. Wikipedian mukaan yhteisöllisyys tarkoittaa ihmisten sosiaalistensuhteiden muodostamaa kokonaisuutta. Yhteisöllisyyden kantavia teemoja ovat luottamus, osallisuus, sitoutuminen, motivaatio ja läheisyys. Yhteisöllisyys, yhteisöt ja yhteisöllinen elämä ovat ihmisen olemassaololle ja toiminnalle välttämättömiä prosesseja ja rakenteita. Yhteisöllisyys nähdään usein ihmisen tarpeessa ja mahdollisuudessa tulla enemmäksi kuin mitä hän on yksinään. Yhteisöllisyys kytkeytyy voimakkaasti yhteistoimintaan ja yhteistoimintamenettelyyn. Parhaimmillaan yhteisöllisyys edistää ja vahvistaa niitä. Yhteisöllisyys on voimanlähde ja menestystekijä. Huonoimmillaan yhteisöllisyys vaikeuttaa yhteistoimintaa.

Työyhteisöissä yhteisöllisyydellä tarkoitetaan henkistä tilaa, jossa tapahtuu ihmisten välistä kanssakäymistä, toisista välittämistä ja oppimista. Yhteisöllisyyteen liittyy terveys, työhyvinvointi ja työnilo. Yhteisöllisyyttä voidaan kuvata myös sanalla kiinnostus. Yhteisöllisyys on virallista ja epävirallista vuorovaikutusta työyhteisössä. Se ei välttämättä näy suoraan, mutta voi olla yhteen hiileen puhaltamista tai työpaikan yhteishenkeä. Yhteisöllisyys kasvaa luottamuksesta keskinäisen vuorovaikutuksen verkostoissa.

Organisaatiot koostuvat ihmisistä, joilla on yhteinen tavoite ja tehtävä. Me-henki ja yhteenkuuluvuuden tunne ovat suoraan suhteessa tulokseen. Yhteisöllisyys tukee terveyttä, hyvinvointia, oppimista ja tuloksellisuutta. Se luo yhteenkuuluvuutta, tarjoaa turvaa yhteisön jäsenille ja auttaa hahmottamaan ympäristöä. Hyvä ilmapiiri näkyy keskinäisenä luottamuksena ja tukena, aitona auttamishaluna, toisten huomioonottamisena, yhteishenkenä, avoimuutena ja joustavuutena. jokaisella on mahdollisuus toimia yksilöllisesti, omana itsenään. Sosiaalinen pääoma on yhteisön ja yksilön voimavara. Se on yhteisöllisiä piirteitä, jotka vahvistavat yhteisön toimintaa edistävää luottamusta, vastavuoroisuutta ja verkostoitumista. (Kaivola & Launila 2007, Mäkisalo 2003, Paasivara & Nikkilä 2010).

Erään sairaanhoitopiirin toimialueiden yhteistyöryhmille tehdyssä kyselyssä vastaajat ilmaisivat yhteisöllisyyden merkityksen ja vaikutuksen näkyvän muun muassa toimintaperiaatteiden käsittelyssä, henkilöstöön vaikuttavissa asioissa, resurssikysymyksissä, käytännön tason asioissa ja tiedottamisessa. Yhteisöllisyys korostuu erityistilanteissa, kuten muutostilanteissa ja kriittisissä tapahtumissa, työyhteisöjen ilmapiirikysymyksissä ja ongelma-asioissa, työhyvinvointiasioissa ja työsuojeluasioissa sekä koulutus- ja kehittämisasioissa. Kyselyn kohteena olleen organisaation yhteistyöryhmät tuottivat näkemyksiä ja kokemuksia arjen yhteisöllisyydestä. Olen ryhmitellyt nämä vastaukset tavoitetekijöihin, toimintatekijöihin ja ihmissuhdetekijöihin.

Mitä on yhteisöllisyys työpaikalla?

Tavoitetekijät:

yhteinen päämäärä, yhteiset tavoitteet

yhteinen näkemys asioista, sitoutuminen

perustehtävän tunteminen, arvostaminen ja hyvä hoito

Toimintatekijät:

yhteiset pelisäännöt

saumatonta yhdessä toimimista

moniammatillista yhteistyötä

ongelmien ratkaisua

avointa vuorovaikutusta ja viestintää

Ihmissuhdetekijät:

ryhmään kuulumista

hyvää yhteishenkeä, me-henkeä

toimivia ihmissuhteita

Miten yhteisöllisyys ilmenee?

Tavoitetekijät:

päämäärät ja keinot tunnetaan ja niihin sitoudutaan

toisia työntekijöitä kunnioitetaan, arvostetaan ja autetaan

potilaat ovat tyytyväisiä

Toimintatekijät:

johtaminen on konkreettista ja näkyvää

kohtelu on oikeudenmukaista ja tasavertaista

käyttäydytään hyvin ja asiallisesti

ymmärretään erilaisuutta

vuorovaikutus on avointa

ilmapiiri on turvallinen ja vapaa

Ihmissuhdetekjjät:

sosiaaliset suhteet ovat kunnossa

Mitkä ovat yhteisöllisyyden vaikutukset?

Tavoitetekijät:

arvostetaan omaa työpaikkaa

saavutetaan asetetut tavoitteet

Toimintatekijät:

työhön on helppo tulla

vaikutetaan työssä jaksamiseen

voidaan kokea myös uhkana

Mikä on toimialueiden yhteistyöryhmien rooli yhteisöllisyydessä?

Tavoitetekijät:

edistää yhteisöllisyyttä

vahvistaa me-henkeä

edistää tavoitteiden saavuttamista ja sitoutumista

lisätä vuorovaikutuksellisuutta, luottamusta ja avoimuutta

edistää ammattiryhmien yhteistyötä

Toimintatekijät:

toimia keskustelufoorumina

huolehtia vaikutusmahdollisuuksista

toimia tiedottajana

toimia esimerkkinä

tukea johtamista ja päätöksentekoa

Millaisten asioiden yhteydessä yhteisöllisyys erityisesti tulee toimialueen yhteistyöryhmän toiminnassa?

Rutiinit:

koko toimialuetta koskevien asioiden käsittelyssä

toiminnan ja talouden suunnittelussa

toimintaperiaatteiden käsittelyssä

henkilöstöön vaikuttavissa asioissa, resurssikysymyksissä

käytännön tason asioissa

tiedottamisessa

Erityistilanteet:

muutostilanteissa ja kriittisissä tapahtumissa

työyhteisöjen ilmapiirikysymyksissä ja ongelma-asioissa

työhyvinvointiasioissa, työsuojeluasioissa, koulutus- ja kehittämisasioissa

Mitä yhteistyöryhmä voi tehdä yhteisöllisyyden ylläpitämiseksi ja edistämiseksi?

Tavoitetekijät:

kirkastaa yhteiset päämäärät ja toimintaperiaatteet

edistää tasapuolisuutta ja oikeudenmukaisuutta

ylläpitää hyvää keskusteluilmapiiriä

lisätä avoimuutta, rakentaa henkeä ja myönteisyyttä

osallistua, sitoutua, ottaa vastuuta, olla esillä

Toimintatekijät:

kokoontua riittävän usein

käsitellä olennaiset asiat oikea-aikaisesti

toimia mielipidekanavana, tuoda esille ongelmat ja ideat

toimia informaatiokanavana, huolehtia laajasti ja hyvin viestinnästä

verkostoitua muiden yhteistyöryhmien kanssa

arvioida toimintaansa

Mitä vastuuyksiköissä ja työyksiköissä voidaan tehdä yhteisöllisyyden ylläpitämiseksi ja edistämiseksi toimialueella?

Tavoitetekijät:

tukea henkilöstöä ja johtajuutta

edistää välitöntä yhteistoimintamenettelyä

luoda turvallinen ilmapiiri mielipiteiden esittämiseen

edistää yhdessä tekemistä ja toisten arvostamista

korostaa avoimuutta ja vastuullisuutta

Toimintatekijät:

lisätä osallistuvuutta ja aktiivisuutta, ryhtyä sanoista tekoihin

tiedottaa avoimesti ja tehokkaasti

luomalla yhteisiä pelisääntöjä

muistaa palaute, rohkaisu ja kiitos ajallaan

Yhteistoiminnan vaiheet, harhat ja faktat

Työpaikkademokratia

Kun työnantajan ja henkilöstön välistä yhteistoimintaa Suomessa 1970 -luvun lopulla käynnistettiin, puhuttiin työpaikkademokratiasta. Yhteistoiminnan pohjana oli kuntatyönantajan (Kunnallinen sopimusvaltuuskunta) ja ammatillisten pääsopijajärjestöjen välinen suositussopimus kunnallisesta työpaikkademokratiasta. Suositussopimuksia oli muitakin, kuten koulutussuositussopimus ja tiedotus-suositussopimus sekä rationalisointisuositussopimus. Innostus henkilöstön keskuudessa oli todella suurta ja odotukset työpaikkademokratiasta myös suuria, osin epärealistisia. Henkilöstö odotti saavansa lisää oikeata päätösvaltaa heitä itseään koskeviin asioihin. Oli myös niitä, jotka tahtoivat tuoda edunvalvonta-asioita, kuten palkka-asioita, työpaikkademokratia-elimien käsittelyyn, vaikka niitä asioita varten oli olemassa, ja on edelleenkin, luottamusmiesjärjestelmä.

Työpaikkademokratiatoiminta julkisen terveydenhuollon yksiköissä oli toimintaa demokraattisen organisaation sisällä. Kuntien valtuustot valittiin nelivuositoimikausiksi demokraattisilla vaaleilla. Kunnat nimesivät edustajansa esimerkiksi sairaalakuntainliiton liittovaltuustoon, joka puolestaan valitsi kuntainliiton liittohallituksen. Valinnat olivat poliittisia. Miksi siis julkisen terveydenhuollon yksiköissä tarvittiin työpaikkademokratiaa? Sitä tarvittiin siksi, että henkilöstöä koskevat päätökset tehtiin monen mielestä liian kaukana päätösten kohteista, henkilöstöstä.

Työpaikkademokratiatoiminta antoi oikeasti henkilöstölle, joko suoraan tai edustajiensa kautta, mahdollisuuden vaikuttaa heitä koskeviin päätöksiin. Vaikka työpaikkademokratiasta todettiin, ettei se rajoita kunnallisen päätöksentekijän päätösvaltaa, henkilöstö sai mielipiteensä julki ja tiedoksi päättäjälle, joka huomioi sen päätöksiä tehdessään. Yhteistoimintaelimestä käytettiin nimitystä yhteistyökomitea. Edustus jakaantui alusta lähtien niin, että edustajista 2/3 oli henkilöstön edustajia ja 1/3 työnantajan edustajia. Yhteistyökomitea otti kantaa kuntainliiton toimintaan, talouteen ja henkilöstöasioihin. Se käsitteli muun muassa vuosittaiset toiminta- ja taloussuunnitelmat sekä henkilöstösuunnitelmat ja antoi niistä lausuntonsa liittohallitukselle,

Työpaikkademokratiatoiminnan aikana huomattavaa päätösvaltaa oli yhteistoimintaelimen jaostoilla. Esimerkiksi erään sairaalakuntainliiton yhteistyökomitean koulutusjaosto käsitteli sairaalan vuotuisen koulutussuunnitelman ja koulutusmäärärahan jaon sekä päätti jopa yksittäisistä koulutushakemuksista. Koulutusjaoston päätökset toki viime kädessä vahvisti ja hyväksyi kuntainliiton liittohallitus. Samoin päätösvaltaa käytännössä oli esimerkkisairaalan yhteistyökomitean tiedotusjaostolla, joka päätti sairaalan tiedotussuunnitelmista ja joka toimi henkilöstölehden toimituskuntana. Näiden kummakin jaoston kokoonpano oli neljä henkilöstön edustajaa ja kaksi työnantajan edustajaa. Jaostojen sihteerinä ja asioiden valmistelijana toimi henkilöstösihteeri, joka oli sairaalakuntainliiton virkamies ja siten organisaatiossa työnantajan edustaja.

Työpaikkademokratiatoiminnan aikana kuntainliittoihin perustettiin myös vain henkilöstön edustajista koostuvia henkilökuntaneuvostoja. Jäsenet näihin neuvostoihin nimesivät ammattijärjestöt. Henkilökuntaneuvoston rooli oli lähinnä tehdä aloitteita ja ottaa kantaa ajankohtaisiin asioihin ja suunnitelmiin, kuten esimerkiksi henkilöstöpoliittiseen ohjelmaan. Henkilökuntaneuvostolle saatettiin myös antaa tehtäväksi henkilöstön vapaa-ajan toiminnan järjestäminen, kuten liikunta- ja virkistystoiminnan.

Työpaikoilla käynnistettiin työpaikkademokratiatoimintana työpaikkakokoukset. Sairaalayhteisössä erilaiset osastokokoukset ja muut palaverit olivat osa arkipäivää jo ennen työpaikkademokratian aikaa, mutta nyt luotiin viralliset työpaikkakokoukset. Tämä tarkoitti sitä, että sairaalan jokainen työntekijä kuului johonkin työpaikkakokousryhmään. Vuodeosastoilla tämä ei merkinnyt suurta muutosta, koska vuodeosasto oli jo siellä työskentelevien työpaikka myös kokousmielessä. Muutos aiempaan koski enemmän teknistä henkilökuntaa sekä talous- ja toimistohenkilökuntaa. Myös erilaiset asiantuntijat, kuten psykologit ja sosiaalityöntekijät, saivat omat työpaikkakokousryhmänsä.

Työpaikkakokouksia pyrittiin pitämään säännöllisesti ja siten, että mahdollisimman moni työntekijä pääsi niihin osallistumaan. Työpaikkakokousta johti työpaikan lähiesimies, kuten esimerkiksi sairaalan vuodeosastolla osastonhoitaja tai apulaisosastonhoitaja. Asiat työpaikkakokouksissa olivat työntekijöille hyvin läheisiä ja tärkeitä. Niissä käytiin läpi oman työpaikan toimintasuunnitelmat, budjetti, hankinnat, vuosilomat, jne. Jokainen työntekijä pääsi sanomaan mielipiteensä käsiteltäviin asioihin. Työpaikkakokouksista laadittiin muistiot, joihin kirjattiin käsitellyt asiat, keskeiset kannanotot ja tehdyt päätökset. Ne, jotka eivät päässeet työpaikkakokoukseen, näkivät muistiosta asiat ja päätökset. 1980 -luku oli työpaikkademokratian vuosikymmen Suomessa. Tie hyviin päätöksiin yhteistoiminnan kautta oli avattu.

Yhteistoimintaa koskeva yleissopimus

Työpaikkademokratiaa myös tutkittiin ja todettiin, että työpaikkademokratiatoiminta koettiin työyksiköiden toiminnasta erilliseksi. Henkilöstö koki kyllä osallistuvansa omaa työtään ja työolosuhteitaan koskevaan valmisteluun ja päätöksentekoon välittömän työpaikkademokratian, kuten työpaikkakokousten, kautta, mutta edustuksellisten työpaikkademokratiatoimielinten toiminta koettiin etäiseksi (Suonsivu 2000).

Työpaikkademokratiatoiminta muuttui 1990-luvulla suositus-sopimuspohjalta virka- ja työehtosopimuksen luonteiseksi yhteistoimintamenettelyksi. Kunta-alalla yhteistoimintaa sääteli työmarkkinaosapuolten neuvottelema valtakunnallinen yhteistoimintamenettelyä koskeva yleissopimus vuodelta 1993, minkä mukaan yhteistoimintamenettely edellytti henkilöstön mukaanottoa yhteistoimintasopimuksen asiapiiriin kuuluvien asioiden valmisteluun organisaation eri tasoilla (Kunnallinen työmarkkinalaitos 1993).

Yleissopimus mahdollisti laajan asiapiirin yhteistoimintaelimissä ja loi pohjan hyville käytännöille. Sopimusosapuolia olivat kuntatyönantajia edustava Kunnallinen työmarkkinalaitos sekä henkilöstöä edustavat ammatilliset pääsopijajärjestöt, joita 15.12.2004 sopimuksen allekirjoittajina olivat: Julkisalojen koulutettujen neuvottelujärjestö JUKO ry, Kunta-alan unioni ry, Tekniikan ja peruspalvelujen neuvottelujärjestö KTN ry ja Toimihenkilöiden neuvottelujärjestö TNJ ry. (Kunnallisen työmarkkina laitoksen yleiskirje 2/2005.)

Työnantajan ja henkilöstön yhteistoimintaa kunta-alalla säädelleen yleissopimuksen asiapiiri oli todella laaja. Se sisälsi seuraavat 17 kohtaa:

henkilöstön asemaan oleellisesti vaikuttavat palvelutoiminnan muutokset, tutkimus- ja kehittämishankkeet, kone- ja laitehankinnat sekä olennaiset muutokset työtehtävissä, töiden ja työtilojen järjestelyissä

lomautusilmoitusten antamista, virka- ja työsopimussuhteiden irtisanomista tai osa-aikaistamista edeltävä asian käsittely silloin, kun toimenpiteet johtuvat hallinnollisista, taloudellisista ja tuotannollisista syistä

henkilöstöhallinnon periaatteet, henkilöstöä kuvaavat tunnusluvut, henkilöstöasioiden hoidossa noudatettavat menettelytavat ja henkilöstöstrategia-asiakirjat viraston, laitoksen tai muun toimintayksikön taloudellista tilaa, toiminta- ja taloussuunnitelmaa sekä talousarviota ja sen toimeenpanoa koskevat esitykset

kunnan talousarvioehdotus, mikäli sen valmistelun yhteydessä käy ilmi, että talousarvioehdotuksen hyväksyminen todennäköisesti aiheuttaa olennaisia henkilöstön irtisanomisia, osa-aikaistamista, lomautuksia tai muita palvelussuhteen ehtojen muutoksia

henkilöstön kehittämisen periaatteet ja koko kuntaa koskevat henkilöstö- ja koulutussuunnitelmat sekä koulutussopimuksen mukaista koulutusta koskevat taloussuunnitelma

sisäisen tiedotuksen periaatteet

ulkopuolisen työvoiman käytön ja julkisten palveluhankintojen kilpailuttamisen periaatteet, muutoin ulkopuolisen työvoiman käyttöä käsitellään 7 §:n mukaisesti

työkykyä ylläpitävän toiminnan periaatteet

aloitetoiminnan periaatteet

henkilöstöpalvelujen järjestäminen

sukupuolten tasa-arvon edistämisestä laaditut suunnitelmat

työsuojeluyhteistoiminta (työsuojelun valvonnasta ja muutoksenhausta työsuojeluasioissa annetun lain 8, 10 ja 11 §:n kunnallisen alan työsuojelusopimuksen rajoituksin), jos paikallisesti niin sovitaan

palvelukseen tulon yhteydessä ja palvelussuhteen aikana kerättävät ja palvelukseen tulevalle annettavat tiedot sekä tehtäviin perehdyttämisen järjestelyt henkilöstöön kohdistuvan kameravalvonnan, kulunvalvonnan ja muun teknisin menetelmin toteutetun valvonnan tarkoitus, käyttöönotto ja siinä käytettävät menetelmät sekä sähköpostin ja tietoverkon käyttö

ennen työterveyshuoltolain 11 §:n 4 momentissa tarkoitetun päihdeohjelman hyväksymistä yksityisyyden suojasta työelämässä annetun lain 7 §:ssä ja 8 §:n 1 momentissa tarkoitetut tehtävät, joista työnhakija tai työntekijä on velvollinen antamaan tai voi suostumuksensa perusteella antaa huumausainetestiä koskevan todistuksen työnantajalle

muut periaatteelliset tai muutoin yleisluontoiset palvelussuhteeseen ottamista ja palvelussuhteeseen kuuluvia oikeuksia ja velvollisuuksia koskevat asiat, joista ei voida neuvotella ja sopia kunnallisen virkaehtosopimuslain nojalla.

Laaja asiapiiri sisälsi kattavasti terveydenhuollon yksikön asiat lukuun ottamatta kunnallisissa virka- ja työehtosopimuksissa määriteltyjä palkka- ja palvelussuhdeasioita, jotka edelleenkin käsiteltiin luottamusmiesjärjestelmän kautta. Työsuojeluasiat käsiteltiin työsuojelun yhteistoimintaorganisaatiossa, työsuojelutoimikunnissa.

Lakisääteinen yhteistoiminta

Lakisääteiseksi yhteistoimintamenettely kunta-alalla muuttui vuonna 2007. Laki työnantajan ja henkilöstön välisestä yhteistoiminnasta kunnissa tuli voimaan 1.9.2007. Lain tavoitteena oli säätää yhteistoiminnalle vähimmäistaso. Sen tarkoituksena ei ollut rajata pois luotuja hyviä yhteistoimintakäytäntöjä eikä estää työnantajan ja henkilöstön välistä laajempaa yhteistoimintaa. Lain tavoitteena oli järjestää yhteistoiminta kunnan ja kuntayhtymän normaalin toimintaorganisaation mukaisesti liitettynä tarkoituksenmukaisesti normaaliin päätöksenteko-prosessiin. Yhteistoimintamenettelyä toteutetaan sekä osana normaalia toimintaa työyksiköissä että työnantajan ja henkilöstön edustajien kesken edustuksellisesti. (Suonsivu 2018). Yhteistoiminnan asiapiiri on yhteistoimintalaissa huomattavasti suppeampi kuin oli sopimuspohjaisessa yhteistoiminnassa, mutta käytännössä yhteistoimintaan on vakiintunut laaja asioiden kirjo.

Yhteistoimintakoulutus

Hyvä yhteistoiminta edellyttää työnantajan ja henkilöstön edustajilta riittävää osaamista ja yhteistoiminnan tuntemista. Tämän vuoksi sekä työorganisaatioissa että ammattijärjestöissä järjestetään yhteistoimintavalmiuksia edistävää koulutusta. Tutkiessani erään sairaanhoitopiirin yhteistoimintaa kysyin myös vastaajien näkemyksiä heidän omista yhteistoimintavalmiuksistaan ja osallistumisistaan yhteistoimintakoulutuksiin.

Ensimmäisenä tutkimusvuotena kohdeorganisaatiossa oli järjestetty henkilöstön edustajille kohdennettu koulutussarja ”Valmiuksia toimia henkilöstön edustajana”. Koulutussarja oli suunniteltu ja toteutettu työnantajan ja henkilöstön edustajien yhteistyönä. Lisäksi käytössä olivat valtakunnalliset yhteistoimintakoulutukset. Yli puolet vastaajista (55,4 %) ilmoitti osallistuneensa yhteistoimintamenettelyä koskevaan koulutukseen. Vastaavasti vajaa puolet (44,6 %) ilmoitti, ettei ole osallistunut yhteistoimintamenettelyä koskevaan koulutukseen kyseisenä vuonna. Henkilöstön edustajat olivat osallistuneet yhteistoimintamenettelyä koskevaan koulutukseen aktiivisesti (69,1 %), vastaavasti työnantajan edustajista yhteistoimintakoulutukseen oli osallistunut vain 15,8 %.

Kohdeorganisaatiossa järjestettiin ennen toista tutkimuskyselyä neljän koulutustapahtuman sarja yhteistoimintakoulutusta. Lisäksi käytössä olivat valtakunnalliset yhteistoimintakoulutukset. Toisena tutkimusvuotena vastaajista 40 % ilmoitti osallistuneensa yhteistoimintamenettelyä koskevaan koulutukseen. Henkilöstön edustajista yhteistoimintakoulutukseen oli osallistunut lähes puolet

(47,5 %), mutta työnantajan edustajista vain viidennes (20 %). Henkilöstön edustajat olivat siis aktiivisempia osallistumaan yhteistoimintakoulutuksiin.

Yhteistoimintavalmiudet

Ensimmäisenä tutkimusvuotena vastaajista 68,9 % arvioi, että hänen henkilökohtaiset yhteistoimintavalmiutensa olivat joko erinomaiset tai hyvät. 16,2 % vastaajista arvioi omat yhteistoimintavalmiutensa välttäviksi tai heikoiksi. Työnantajan edustajista 31,6 % koki yhteistyövalmiutensa erinomaisiksi ja 57,9 % hyviksi. Koulutuksesta huolimatta henkilöstön edustajista yhteistyövalmiutensa koki erinomaisiksi vain 3,6 % ja hyviksi 58,2 %.

Toisena tutkimusvuotena vastaajista 69,1 % arvioi, että hänen henkilökohtaiset yhteistoimintavalmiutensa olivat joko erinomaiset tai hyvät. Välttäviksi tai heikoiksi yhteistoimintavalmiutensa arvioi 15,4 % vastaajista. Työnantajan edustajista 20 % arvioi yhteistoimintavalmiutensa erinomaisiksi ja 60 % hyviksi.

Henkilöstöedustajien vastaavat arviot olivat: erinomaiset 2,5 %, hyvät 62,5 %. Yhteistoimintavalmiuksissa ei eri tutkimusvuosina ollut suuria eroja. Työnantajan edustajien valmiudet olivat vähän laskeneet (vähintään hyvät 89,5 % -> 80 %), mutta olivat edelleen hyvällä tasolla. Henkilöstön edustajien arviot sen sijaan olivat toisena tutkimusvuotena paremmat kuin ensimmäisenä (vähintään hyvät 61,8 % -> 65 %). (Suonsivu 2018)

Tie hyviin päätöksiin yhteistoiminnalla

Työnantajan ja henkilöstön hyvä yhteistoiminta tukee päättäjiä ja auttaa heitä tekemään hyviä päätöksiä. Toimiva yhteistoiminta edellyttää sitä, että tavoitteet ja toimintatavat luodaan yhteistyössä. Seuraavassa askelia, jotka johdattavat hyviin päätöksiin.

1 Yhteistoiminnan tilan kartoitus

Mikä on yhteistoiminnan nykytila työorganisaatiossasi? Kyselyllä yhteistoimintaorganisaatiossa toimiville ja mahdollisesti laajemminkin henkilöstölle selvitetään sekä edustuksellisen yhteistoiminnan että välittömän yhteistoiminnan toimivuus. Vastaajilla on yleensä hyvä näkemys asioista mitkä toimivat ja mitkä eivät toimi. Mitkä asiat kaipaavat tehostamista ja kehittämistä?

Esimerkki:

Eräässä sairaanhoitopiirissä tehtiin laaja kysely yhteistoiminnan tilasta siten, että satunnaisotannalla valituille työpaikoille, mikä tarkoitti 20 prosentille sairaanhoitopiirin kuntayhtymän henkilöstöstä, lähettiin kyselylomake. Lomakkeen sai 945 henkilöä ja heistä 589 eli 62,3 prosenttia vastasi kyselyyn. Tällä hyvin kattavalla kyselyllä selvitettiin muun muassa yhteistoimintaa koskevien säädösten ja sopimusten tunnettavuutta, työpaikkakokouskäytäntöjä ja niissä käsiteltyjä asiakokonaisuuksia sekä perehdytystä, kehityskeskusteluja, palautetta, työkykyä ylläpitävää toimintaa, yhteistyötä lähiesimiehen kanssa, tiedottamista ja henkilöstön todellisia vaikutusmahdollisuuksia.

Yhteistoimintaorganisaatiossa toimivilta on hyödyllistä kysyä muun muassa yhteistoimintalain ja yhteistoimintaa koskevien sopimusten tuntemusta (mukaan lukien työsuojelun yhteistoimintaa koskevat säädökset ja sopimukset), yhteistoimintamenettelyn organisointia ja tavoitteellisuutta, kuulluksi tulemista yhteistoimintaelinten kokouksissa, yhteistyövalmiuksista ja koulutustarpeista, vaikutusmahdollisuuksista omalla toimialueella, yhteistoimintakäytännöistä ja vaikutusmahdollisuuksista omissa työyhteisöissä, yhteistyön toimivuudesta lähiesimiehen kanssa, tiedotuksen toimivuudesta, vaikutusmahdollisuuksista omaan työhön, vaikutusmahdollisuuksista omaa työyhteisöä koskeviin asioihin, yhteistoimintaa edistävistä tekijöistä ja yhteistoimintaa haittaavista tekijöistä sekä ongelmista yhteistoiminnassa.

2 Yhteistoiminnan tavoitteet

Yhteistoiminnan tavoitteet pitää laatia työnantajan ja henkilöstön edustajien yhteistyönä. Tulee selvittää mihin pyritään, mitkä ovat yhteistoiminnan toiminta-ajatus, visio ja päämäärä? Tämä on keskeinen perusta, osapuolten yhteinen linjaus organisaation yhteistoiminnalle. Tämä sitoo sekä päätöksiä tekeviä työnantajan edustajia että henkilöstöä ja heidän edustajiaan.

Esimerkki:

Eräässä sairaanhoitopiirissä määriteltiin yhteistoiminnan toiminta-ajatus seuraavasti: ”Yhteistoiminnan ensisijainen tehtävä on työyhteisön voimavarojen yhdistäminen yhdessä sovittujen päämäärien saavuttamiseksi. Hyvä yhteistoiminta edellyttää jatkuvaa avointa vuorovaikutusta ja työyhteisön jäsenten keskinäistä kunnioittamista."

Yhteistoiminnan visio määriteltiin seuraavasti: "Yhteistoiminta sairaanhoitopiirissä on koko henkilöstön jokapäiväinen työhön liittyvä toimintatapa. Yhteistoimintamenettely luo toimintakulttuuria, jossa keskeisiä periaatteita ovat: hyvä hoito, osaamisen arvostaminen, ihmisen kunnioittaminen, oikeudenmukaisuus ja tasa-arvoisuus, vuorovaikutteisuus, avoimuus ja vastuullisuus."

Yhteistoiminnan päämäärät määriteltiin seuraavasti: "Toiminta on yhteiseen päämäärään pyrkivää, palvelujen tuottaminen on tuloksellista, henkilöstö voi aidosti vaikuttaa, toiminta on osallistavaa ja osallistuvaa, viestintästrategiaa hyödynnetään tehokkaasti ja työyhteisöt voivat hyvin." (Suonsivu 2018).

3 Yhteistoiminnan organisointi

Kun tavoitteet on määritelty, on aika sopia keinoista miten edetään. Vaatiiko yhteistoiminnan toimivaksi saattaminen muutoksia yhteistoiminnan organisointiin? Tässä vaiheessa kannattaa olla kriittinen ja pyrkiä luomaan malli, mikä todella parantaa henkilöstön vaikutusmahdollisuuksia omaan työhönsä ja omaan työyhteisöönsä ja minkä avulla henkilöstön näkemykset parhaiten saadaan päätöksentekijöiden käyttöön. Miten yhteistoiminnan piiriin kuuluvat asiat organisaatiossa käsitellään?

Yhteistoiminnan organisointi koskee sekä edustuksellista yhteistoimintaa että välitöntä yhteistoimintaa. Tarvittavat tarkistukset on syytä tehdä myös työsuojelun yhteistoiminnan organisointiin. Vuoropuhelu on saatava avoimeksi ja toimivaksi. Kokouskäytännöistä on hyvä sopia niin, että edustukselliset yhteistoimintaryhmät kokoontuvat säännöllisesti ja riittävän usein. Tärkeää on sopia yhteistoimintaelinten kokousten valmistelusta siten, että henkilöstö saa haluamansa asiat esityslistalle. Pitää sopia miten asioiden valmistelu kytketään yhteistoimintaelinten kokoontumisiin, missä vaiheessa valmistelussa olevia asioita käsitellään yhdessä työnantajan ja henkilöstön edustajien kesken? Pitää myös sopia tiedotustavoista ja tiedotuksen ajoituksesta, jotta henkilöstön edustajat saavat tarvittavat tiedot riittävän ajoissa.

Samoin on sovittava esimerkiksi lausuntojen antamisen ajoituksista.

Esimerkki:

Hyvä menettelytapa on sellainen, että yhteistoiminnalle laaditaan vuosikello, johon kirjataan kokousaikataulut ja yhteistoimintakoulutukset. Kokoukset on hyvä kytkeä ajallisesti toiminta- ja taloussuunnitelman valmisteluaikatauluun, jolloin yhteistoimintaelimen kannanotot ja lausunnot saadaan valmistelijoiden tietoon ajallisesti sopivasti.

Yhteistoimintaelinten kokousten puheenjohtajuutta on hyvä vaihdella vuosittain siten, että vuorovuosin puheenjohtajana toimii työnantajan edustaja ja vuorovuosin henkilöstön edustaja. Kokousten asialistalle otettavista asioista sovitaan valmisteluryhmässä, johon kuuluvat puheenjohtaja, varapuheenjohtaja ja sihteeri. Näin yhteistoiminnan osapuolet saavat haluamansa asiat käsittelyyn. Myös ajoitus onnistuu, jolloin henkilöstön edustajat saavat ajoissa tarvittavat tiedot kannanottojensa tueksi ja työnantajan edustana päätöksiä tekevä saa ajoissa tietoonsa henkilöstön edustajien näkemykset ja lausunnot. Näin edistetään hyvien päätösten tekoa.

Työpaikkatasolla on myös hyvä sopia työpaikkakokous-käytännöistä siten, että mahdollisimman moni henkilöstöstä pääsee niihin osallistumaan ja saa asiansa yhteiseen käsittelyyn. Osallistumisen edellytyksistä on siis työnantajan huolehdittava. Työpaikkakokousten puheenjohtajana toimii työpaikan lähiesimies, esimerkiksi vuodeosastolla osastonhoitaja tai apulaisosastonhoitaja. Työpaikkakokouksista laaditaan muistio, johon kirjataan kokouksen ajankohta, osallistujat, käsitellyt asiat, keskeiset kannanotot ja tehdyt päätökset. Työpaikkakokouksissa myös seurataan aiemmissa kokouksissa käsiteltyjen ja sovittujen asioiden etenemistä.

4 Yhteistoimintaa edistävät tekijät ja haittaavat tekijät.

Kartoituksilla tai tutkimuksilla selvitetään mitkä tekijät organisaatiossa edistävät yhteistoimintaa ja mitkä sitä haittaavat. Edistäviä tekijöitä voivat olla esimerkiksi:

> yhteiseen päämäärään pyrkiminen, tavoitteiden tunteminen, vastakkainasettelun välttäminen, aito kuuleminen, näkemysten huomioiminen ennen päätöksentekoa, huolehtiminen osallistumisen edellytyksistä, säännölliset kokoukset, riittävä ja

oikea-aikainen avoin tiedottaminen, hyvät yhteistyötaidot, toiminnan oikeudenmukaisuus ja avoin ilmapiiri ja vuorovaikutus, sekä

päätöksiin sitoutuminen, osaava ja tasapuolinen esimiestoiminta, säännölliset työpaikkakokoukset, kehityskeskustelut, henkilöstön mukaanotto suunnitteluun, hyvä tiedonkulku, hyvä työilmapiiri ja toimivat ihmissuhteet.

Yhteistoimintaa haittaavia tekijöitä voivat olla esimerkiksi:

heikko johtaminen, osallistumisvaikeudet, puutteelliset kokousvalmistelut, riittämätön tiedon saanti, välinpitämättömyys ja passiivisuus, riittämätön tietämys yhteistoiminnasta, sekä

lukkiutuneet asenteet, muutosvastarinta, luottamuspula, puutteet esimiestaidoissa, tietämättömyys ja osaamattomuus, liiallinen työkuormitus, työnohjauksen puute ja toimimattomat ihmissuhteet.

Yhteistoimintaa kehitettäessä pyritään vahvistamaan edistäviä tekijöitä ja minimoimaan tai poistamaan haittaavia tekijöitä.

5 Yhteistoimintavalmiudet

Yhteistoimintamenettelyn onnistuminen edellyttää osallistujilta hyviä valmiuksia. Riittävästi tietoa yhteistoimintalaista ja muista säädöksistä. Myös halu ja kyky toimia rakentavasti ja vastuullisesti on tärkeätä. Yhteistoimintavalmiuksia antavasta koulutuksesta tulee huolehtia. Tärkeätä on myös se, että jokainen ottaa vastuun omaehtoisesta säädöksiin ja sopimuksiin perehtymisestä.

Työnantajan tulee huolehtia osallistumisen edellytyksistä, kuten ajankäytön riittävyydestä ja tietojen oikea-aikaisesta saannista. Esimiesten asia on järjestää työnjako niin, että yhteistoiminnallisiin tilanteisiin ja kokouksiin asianomaiset pääsevät osallistumaan. Valmistelussa olevista asioista on hyvä tiedottaa hyvissä ajoin ja valmistelun edetessä vaiheittain.

Pohdintaa

Olen tässä kirjassa pyrkinyt avaamaan lukijoille päätöksentekoa terveydenhuollossa sekä tutkitun tiedon osalta että omiin kokemuksiini pohjautuen. Julkinen terveydenhuolto on erittäin moniportainen ja monitahoinen, mikä tekee päätöksenteon hitaaksi ja haastavaksi. Tie hyviin päätöksiin hallinnossa ja työyhteisöjen lähiesimiestyössä on vaativa ja haasteellinen.

Toiminnan, talouden ja henkilöstöresurssin osalta vastuu ja päätöksenteko esimerkiksi sairaanhoitopiirissä on luottamus-henkilöhallinnolla, valtuustolla ja hallituksella, joille asiat valmistelee ja esittelee ylin virkamiesjohto. Vuosittainen valmistelutyö päättyy toiminta- ja taloussuunnitelmaan ja talousarvioon, mikä antaa sitovat raamit toiminnalle. Toimialueiden johto päättää oman alueensa toiminnasta, taloudesta ja henkilöstöstä talous- ja henkilöstöraaminsa puitteissa.

Työpaikoilla esimiehet johtavat työtä käytännön arjessa tehden kaiken aikaa päätöksiä niin potilashoidossa kuin henkilöstön osalta. Tutkimuksissa on todettu miten tärkeitä työpaikoilla ovat yhteistyön toimivuus lähiesimiehen kanssa sekä kehityskeskustelut ja työpaikkakokoukset. Yhteistoiminnallisen henkilöstön kuulemisen ja vaikutusmahdollisuuksien kytkeminen eri organisaatiotasoilla päätöksentekoon edellyttää johtajilta ja esimiehiltä riittävää tietoa yhteistoimintalain vaatimuksista ja hyviä vuorovaikutustaitoja, jotta yhteistoiminallisuudella päästäisiin hyviin päätöksiin.

Terveydenhuollossa toimivat henkilöt Suomessa ovat hyvin koulutettuja ammattilaisia, jotka osaavat työnsä ja jotka toimivat potilaisiin päin yleensä kunnioittavasti. Tilanne on usein toinen, kun pitäisi tulla toimeen henkilöstön kesken. Voimavarat eivät aina riitä ja konflikteja syntyy. Näitä sitten johtajat ja esimiehet sekä työsuojelu- ja työterveyshenkilöstö joutuvat selvittelemään. Yhteistoimintaelimissä toimivilta johtajilta ja esimiehiltä sekä henkilöstön edustajilta edellytetään hyviä vuorovaikutustaitoja, jotta yhteistoiminnallinen asioiden käsittely sujuisi ja päästäisiin yhdessä asetettuihin tavoitteisiin ja hyviin päätöksiin. Yhteistoimintaelimissä toimivien yhteiset koulutustilaisuudet auttavat ymmärtämään osapuolten joskus hyvinkin erilaisia näkemyksiä. Tärkeätä on myös omaehtoinen asioihin perehtyminen ja omien yhteistoimintavalmiuksien vahvistaminen.

Yhteistoiminnallisessa asioiden valmistelussa ja käsittelyssä osapuolten rehellisyys ja aito luottamus ovat todella tärkeitä tekijöitä pyrittäessä hyviin päätöksiin työorganisaatiossa. Ammattijärjestöjen osalta toivon uusiutumista siten, että yhteistoimintaelimissä toimivat todella pyrkisivät edunvalvonnan sijasta toimivaan yhteistoimintaan ja yhteistoiminnalliseen kehittämiseen yhteistyössä työnantajan kanssa. Vanha kulunut sanonta ”ollaan samassa veneessä” on julkisessa terveydenhuollossa totta tänäkin päivänä.

Työnantajan edustajilta odotan sitä, että he ottavat tosissaan yhteistoimintalain velvoitteet. On syytä muistaa, että yhteistoimintamenettely tarkoittaa yhteistoimintalain mukaan sitä, että ennen kuin työnantaja ratkaisee yhteistoiminnan asiapiiriin kuuluvan asian, hänen on neuvoteltava yhteistoiminnan hengessä toimenpiteen perusteista, vaikutuksista ja vaihtoehdoista ainakin niiden työntekijöiden ja toimihenkilöiden tai henkilöstön edustajien kanssa, joita asia koskee. Toisaalta on myös syytä muistaa, että yhteistoimintamenettely ei rajoita julkisessa terveydenhuollossa toimivan päättäjän päätösvaltaa, vaan viime kädessä päättäjäasemassa oleva tekee päätöksen. Yhteistoimintamenettely ei sitä muuta, mutta antaa mahdollisuuden löytää asioihin osapuolten, työnantajan ja henkilöstön, yhdessä hyväksymä ratkaisu ja näin synnyttää hyviä päätöksiä.

Lähteet ja kirjallisuus

Aaltonen, T., Pajunen, H. & Tuominen, K. (2005) Syty ja sytytä. Valmentavan johtamisen filosofia. Helsinki. Talentum.

Adler, P.S. (2001) Market, Hierarchy, and Trust. The Knowledge Economy and the Future of Capitalism. Organization Science 12.

Ahlstedt, L., Jahnukainen, I., Vartola, J. (1974) Organisaatio ohjausjärjestelmänä julkisessa hallinnossa. Weilin + Göös.

Ahonen, G. (1983) Labour protection and economies. A paradigm-theoretical study in the use of economic analysis in labour protection context. Publications of Swedish School of Economies and Business Administration No 33. Helsinki.

Antila, J., Ylöstalo, P. (2002) Proaktiivinen toimintatapa. Työpoliittinen tutkimus. Työministeriö. Helsinki.

Basten, O. (2011). Valmentava johtajuus ja sen kehittäminen kohdeorganisaatiossa. Yrittäjyyden ja liiketoimintaosaamisen koulutusohjelma. Ylempi AMK. Satakunnan ammattikorkeakoulu.

Biljsma-Frankema, K. & Costa, A. (2005) Undestanding the Trust-Control Nexus. International Sociology 20(3).

Cunningham, I. & Hyman, J. (1999) "Devolving human resource responsibilities to the line: Beginning of the end or a new beginning for personnel?" Personnel Review, 28 (1-2).

Eklund, K. & Suikkanen, A. (1982) Työväensuojelusta työsuojeluun. Työsuojelun ja työolojen kehitys Suomessa 1970-luvulla. Tammi. Helsinki.

Eklund,K. & Suikkanen,A. (1984) Työsuojelutoiminta työpaikoilla. Tutkimus työsuojelu-uudistusten merkityksestä ja vaikutuksista työsuojelun sisältöön ja toteutustapoihin. Joensuun yliopisto. Yhteiskuntatieteiden tiedekunta. Yhteiskuntapolitiikan ja sosiologian tutkimuksia 1:1984. Joensuu.

Francis, H. & Keegan, A. (2006). The changing face of HRM: In search of balance. Human Resource Management Journal 16:3, 231–249.

Gilson, L. (2003) Trust and the development of health care as a social institution . Social Science & Medicine. 56 (7).

Hakanen, J. (2009) Työn imua, tuottavuutta ja kukoistavia työpaikkoja? – kohti laadullista työelämää. Työsuojelurahasto. Helsinki. Työterveyslaitos.

Hakanen, J (2016). Verkkolehti työpiste. Työterveyslaitos.

Hallituksen esitys laiksi työnantajan ja henkilöstön välisestä yhteistoiminnasta kunnissa. (2006) HE 267/2006. Valtiopäivät.

Harisalo, R., Stenvall, J. (2004) Trust as Capital. The Foundation of Management. Teoksessa Huotari, M., Iivonen, M. (toim.). Trust in Knowledge Management and Systems in Organizations. Idea Group Publishing. Hershey.

Harisalo, R.(2009). Organisaatioteoriat. Tampere University Press.

Harisalo, R (2020) Päätöksenteon rationaalisuus – realistinen vai epärealistinen tavoite? Hallintoakatemia.

Hiltunen, A. (2012) Johtamisen taito. Sanoma Pro Oy. Neljäs painos.

Holtz, B.C. & Harold, C.M. (2008) When your boss says no! The effects of leadership style and trust on employee ractions to material explanations. Journal of Occupational and Organizational Psychology 81.

Hoskola, H. (1989) Sata vuotta työsuojelua Suomessa. Työsuojelulainsäädännön kehitys 1889-1989. Työsuojeluhallitus. Tampere.

Janhonen, M. (2013) Työn organisoinnin yhteydet toimipaikan tuloksellisuuteen ja henkilöstön hyvinvointiin. Julkaisussa Hyöty – Hyvinvointia ja tuloksellisuutta hyvällä henkilöstöjohtamisella. Aalto-yliopiston julkaisusarja 5/2013.

Johansson, P. Z. (2006) Skandall at förlora och återfå andras förtroende. Teoksessa J-L Johansson, S.Jönsson & R.Solli (toim.). Värdet av förtroende. Danmark: Narayna Press.

Jokinen, E. & Kalliola, S. (2014) Yhteistoiminnallinen kehittäminen kuntien rakenteellisessa muutoksessa. TSR-hanke. Loppuraportti. Tampereen yliopisto. Yhteiskunta- ja kulttuuritieteiden yksikkö. Porin yksikkö ja Työelämän tutkimuskeskus.

Julkunen, R. (2009) Työelämän tasa-arvopolitiikka. Sosiaali- ja terveysministeriön selvityksiä 2009:53. Helsinki

Juntunen, P, Nurmi, V-P, Stenvall, J (2009) Kuntien varautuminen ja turvallisuuden hallinta muuttuvissa hallinto- ja palvelu-rakenteissa. Acta/Suomen kuntaliitto.

Kaivola,T & Launila, H (2007) Hyvä työpaikka. Yrityskirjat.

Kalliola, S (1992) Henkilöstön kuulemisesta yhteispäättämiseen. Tutkimus kunnallishallinnon yhteistoimintakäytännöistä. Tampereen yliopisto, Työelämän tutkimuskeskus, Työraportteja 32/1992. Tampere.

Kasvio, A., Nakari, R., Kalliola, S., Kuula, A., Pesonen, I., Rajakaltio H., Syvänen, S. (1994) Uudistumisen voimavarat. Tutkimus kunnallisen palvelutuotannon tuloksellisuuden ja työelämän laadun kehittämisestä. Tampereen yliopisto. Yhteiskuntatieteiden tutkimuslaitos. Tampere.

Kauppinen, T., Mattila-Holappa, P., Perkiö-Mäkelä, M., Saalo, A., Toikkanen, J., Tuomivaara, S., Viluksela, M., Uuksukainen, S & Virtanen (toim.) (2013), Työ ja terveys Suomessa, Seurantatietoa työoloista ja työhyvinvoinnista. Työterveyslaitos. Helsinki.

Keränen, S. (2016) Yhteisöllinen kokemus. Meta-analyysi työhyvinvoinnin tekijöistä organisaation muutoksessa. Opinnäytetyö. Yhteisöpedagogi (YAMK).MAMK. University of Applied Sciences.

Kinnunen, J., Vuori, J. (1999) Hoitotyön johtamisen perus-ulottuvuudet ja toimintamallien muutokset. Teoksessa; Simoila, R., Kangas, R.,Ranta, J. (toim.) Hoitotyötä johtamaan. Hygienia. Kirjayhtymä Oy. Helsinki, 26-52.

Kinnunen, J. & Vuori, J. (2007). Terveydenhuollon johtamiskulttuurin holistinen malli. Kirjassa Vuori, J (toim.) Terveys ja johtaminen. Terveyshallintotiede terveydenhuollon työyhteisössä. 1.-2. painos. Werner Söderström Osakeyhtiö.

Koivisto, T. (1990) Työsuojelu kunnissa. KTV:läisten työsuojeluaktiivien näkemyksiä organisaatiokohtaisten työsuojelukäytäntöjen kehittämisestä. Tampereen yliopisto. Työelämän tutkimuskeskus. Työraportteja n:o 8/1991. Tampere.

Koivisto, T. (1992) Työympäristö, organisaatio ja politiikka. Organisaation sisäinen työsuojelupolitiikka evaluatiivisesti vertailevan politiikka-analyysin kohteena. Tampereen yliopisto. Kunnallistieteen laitos. Lisensiaatintutkimus.

Koivumäki, J. (2008) Työyhteisöjen sosiaalinen pääoma. Tutkimus luottamuksen ja yhteisöllisyyden rakentumisesta ja merkityksestä muuttuvissa valtion asiantuntijaorganisaatioissa. Akateeminen väitöskirja. Tampereen yliopisto, sosiologian ja sosiaalipsykologian laitos. Tampereen Yliopistopaino Oy – Juvenes Print. Tampere.

Koivuniemi, T. (2004) Henkilöstövoimavarojen moninaisuus, muutos ja johtaminen kuntasektorilla. Henkilöstötilinpäätöksillä ja kehittämishankkeilla hyvää henkilöstötyötä. Akateeminen väitöskirja. Tampereen yliopistopaino, Tampere.

Korpi, R., Tanhua, P. (2007) Yhteispeli työelämässä. Kasva esimiehenä ja alaisena. Ajatus kirjat. Gummerus Kustannus Oy. Jyväskylä.

Kunnallinen työmarkkinalaitos (1993) Yhteistoimintamenettelyä koskeva yleissopimus. Helsinki.

Kunnallinen työmarkkinalaitos (2002) Yleissopimus yhteistoimintamenettelystä soveltamisohjeineen. Helsinki.

Kunnallinen työmarkkinalaitos. (2003) Strateginen henkilöstöjohtaminen. Yleiskirje 9/2003. Helsinki.

Kunnallinen työmarkkinalaitos. (2005) Yhteistoiminta ja työelämän kehittäminen kunta-alalla. Sopimuksia ja suosituksia yhteistoiminnasta, tuloksellisuudesta, henkilöstöjohtamisesta ja työhyvinvoinnista. Helsinki.

Kunnallinen työmarkkinalaitos (2007) Ohjeet työnantajan ja henkilöstön välisestä yhteistoiminnasta kunnissa. Helsinki.

Kunnallinen työmarkkinalaitos (2008) Kunnallisen alan työsuojelun yhteistoimintasopimus.

Kumpulainen, K. (2013) Henkilöstön työssä koettu hyvinvointi. Pitkittäisseuranta muuttuvassa koulutusorganisaatiossa. Itä-Suomen yliopisto. Yhteiskuntatieteiden ja kauppatieteiden tiedekunta. Kuopio.

Kämäräinen, M. (1999) Itsesuojelusta. EY-direktiiveihin. Acta Universitatis. Tamperensis 684. Tampere.

Kämäräinen, M (2001) Valtion työsuojeluorganisaation toimivuus. Kysely työsuojelupäällliköille ja työsuojeluvaltuutetuille. Tampereen aluetyöterveyslaitos ja Valtion työterveys- ja työturvallisuusneuvottelukunta. Moniste.

Laaksonen, H. (2008). Luottamukseen perustuvan ja voimistavan johtamisen prosessimalli ja työyhteisön hyvinvointi. Akateeminen väitöskirja. Vaasa. Vaasan yliopisto. Hallintotieteiden tiedekunta.

Lappalainen, J. & Rantanen, P. (1996) Tutkimus työsuojelu-päällliköiden muuttuvista tehtävistä ja roolista. Tampereen aluetyöterveyslaitos.

Leivo, P. (2011) Työn imu, työn voimavaratekijät ja tuloksellisuuskokemukset sairaalaorganisaatiossa. Tampereen yliopisto, Yhteiskunta- ja kulttuuri- tutkimuksen yksikkö, psykologia. Lisensiaatintutkimus (erikoispsykologikoulutus).

Long, C.P. & Sitkin, S.B. (2006) Trust in the balance: How managers integrate trust-building and task control. Teoksessa Bachman, R & Zaheer, A (toim.). Handbook of Trust Research. Northamton: Edward Elgar, 87-1006.

Lumijärvi, I. & Virta, S. & Kujanpää, O. (2003) Strategista arviointia kehittämässä. Tasapainotetun arvioinnin (BSC) käyttöönotto poliisitoimessa – kokemuksia teorian viemisestä käytäntöön. Tampereen yliopisto. Turvallisuushallinto 7/2003. Tampere.

Mamia, T. & Koivumäki, J. (2006) Luottamus, sitoutuminen ja työelämän joustot. Teoksessa "Kenen ehdoilla työ joustaa. Johtajien ja henkilöstön näkökulmia". Työpoliittinen tutkimus. Työministeriö, Helsinki.

Martikainen, R., Järviniemi, P. (1989) Yhteistoimintalakia kymmenen vuotta. Työelämän suhteiden neuvottelukunta 3/1989. Helsinki.

Mäkipeska, M. & Niemelä, T. (1999) Hengittävä työyhteisö – johtamista muutosvirrassa. Edita. Helsinki

Mäkisalo, M (2003) Yhdessä onnistumme – Opas työyhteisön kehittämiseen ja hyvinvointiin. Tammi.

Nakari, R. (1994) Muutokset työelämän laadussa. Teoksessa Uudistumisen voimavarat. Tampere.

Nakari, R. & Valtee, P. (1995) Menestyvä työyhteisö. Yhteistoiminnallisuuden näkökulmia työyhteisön kehittämiseen. Helsinki. Helsingin kaupunki.

Paasivaara, J & Nikkilä, L (2010) Yhteisöllisyydestä työhyvinvointia. Kirjapaja.

Parrukoski, P. (1989) Työsuojeluyhteistoiminnan kehittäminen kunnallisilla työpaikoilla. Tutkimus yhteistoimintakoulutuksen vaikutuksista työsuojelun yhteistoimintaan. Työturvallisuuskeskus. Helsinki.

Perkka, K. (1984) Suomen työsuojelulainsäädännön historiallisen kehityksen pääpiirteet. Kirjassa: Perkka, K (toim.) Työ ja työsuojelu. Tammi. Helsinki.

Pesonen, I. (1994) Henkilöstöhallinnosta henkilöstön strategiseen kehittämiseen. Teoksessa Uudistumisen voimavarat. Tampere.

Puttonen, S., Hasa, M., Pahkin, K. (2016) Työhyvinvointi paremmaksi. Keinoja työhyvinvoinnin ja työterveyden kehittämiseksi suomalaisilla työpaikoilla. Työterveyslaitos. Helsinki.

Rajakaltio, H. (1994) Kulttuurimuutos kehittämistyössä. Teoksessa Uudistumisen voimavarat. Tampere.

Rousseau, D., Sitkin, S.B., Burt, R.S. & Camerer, C. (1998) Introduction to Special Topic Forum:Nnot so Different after All: A Cross-Discipline View of Trust. The Academy of Management Review 23 (3).

Ruoranen, R. (2011) Miten strategia kiteytetään 90 minuuttiin? Tutkimus kehityskeskusteluista. Akateeminen väitöskirja. Tampere. Tampereen yliopisto. Terveystieteiden yksikkö.

Saari, J. & Perttula, P. (2004) Kysely työturvallisuusammattilaisille. Työturvallisuusammattilaisten rooli ja tehtävät Suomessa. Työterveyslaitos. Helsinki.

Salminen, A. (1998) Hallintotiede. Organisaatioiden hallinnolliset perusteet. 3.painos. Edita. Hallinnon kehittämiskeskus. Helsinki.

Salminen, A. (2004) Hyvän hallinnon etiikka. Kolmen profession arvioita hallinto- ja johtamistyön eettisistä kysymyksistä. Vaasa. Vaasan yliopiston julkaisuja, tutkimuksia 245, hallintotiede 29. Vaasan yliopisto.

Salo, S. & Leisti, S. (1994) Muutos ja johtajuus. Näkökulmia terveydenhuollon murrokseen. Suomen Kuntaliitto. Helsinki.

Salo, T. (2009) Henkilöstön osallistuminen ja yhteistoiminta ulkomaalaisomisteisissa erikoiskaupan ketjuissa. Pro gradu -tutkimus. Tampereen yliopisto. Johtamistieteiden laitos/ Kauppakorkeakoulu.

Seeck, H. (2008) Johtamisopit Suomessa: taylorismista innovaatioteorioihin. Galdeamus. Helsinki.

Stenvall, J. & Virtanen, P. (2007) Muutosta johtamassa. Edita Publishing Oy. Helsinki.

Stenvall, J. (2008) Henkilöstövoimavarojen ja työyhteisön johtaminen. Luentosarja. Lapin yliopisto.

Stenvall, J., Nurmi, V-P. & Juntunen, P. (2020) Kriiseissä johtajien jaksaminen on ratkaisevaa. 19.5.2020 Helsingin Sanomat.

Storey,J. (2001) Human Resource Management Today: An Assesment. Teoksessa J. Storey (toim.) Human Resource Management: A Critical Text. Thomson Learning, Conwall.

Subramony, M. (2006) Why organizations adop some human resouce management practices and reject others: an exploraion of rationales. Human Reource Management 45 (2), 195-210.

Suikkanen, A. (1983) Työsuojelu ja vallankäyttö – "Safety First" työsuojelun genesiksenä. Turun yliopisto. Sosiaalipolitiikan julkaisuja. Sarja A:8.

Suomen itsenäisyyden juhlarahasto Sitra (2010) Strateginen ketteryys ja johtaminen julkisessa hallinnossa.

Suomen itsenäisyyden juhlarahasto Sitra (2012) Julkisen johtamisen haasteet ja paradoksit.

Suonsivu, K. (2003) Kun mikään ei riitä. Hoitotyöntekijöiden masennuksen kokemukset ja niiden yhteydet työyhteisötekijöihin. Acta Universitatis Tamperensis 926. Tampere.

Suonsivu, K. (2013) Työhyvinvoinnin johtaminen vanhusten hoitotoiminnassa. Työelämän tutkimuspäivät 2012. Suomella töissä? Kestämistä ja kestävyyttä. Työelämän tutkimuspäivien konferenssijulkaisuja 4. Tampereen yliopisto. Yhteiskunta- ja kulttuuritieteiden yksikkö. Työelämän tutkimuskeskus, 253-266. Tampere.

Suonsivu, K. (2014) Työhyvinvointi osana henkilöstöjohtamista. Toinen painos. UNIpress.

Suonsivu, K. (2014) Henkilöstön hyvinvointi laitoshoidon tuotantoalueella. Työhyvinvoinnin tarkastelua vanhusten hoitotyössä. Tampereen kaupunki. Juvenesprint Tampereen Yliopistopaino Oy.

Suonsivu, K. (2014) Valmentava johtaminen henkilöstöjohtamisen muotona. Kunnallistieteellinen aikakauskirja 42. (2014):3.

Suonsivu, K & Surakka, T. (2014) Laitoshoidossa työskentelevien esimiesten uupumuksen kokemukset. Hallinnon tutkimus, 33 (3). Hallinnon Tutkimuksen Seura ry., 243-260).

Suonsivu, K. (2019) Kohti riittävyyttä – matkalla työhyvinvointiin. Toinen painos. UNIpress.

Suonsivu, K. (2019) Työhyvinvointi osana henkilöstöjohtamista. Kolmas painos. UNIpress.

Suonsivu, K. (2020) Minäkin olen vain ihminen. Johtajan jaksamisen moninaisuus. BoD – Books on Demand. Helsinki.

Suonsivu, P. (2000) Yhteistoimintamenettely sairaanhoitopiirissä. Tampereen yliopisto. Hallintotieteen laitos. Pro gradu –tutkielma.

Suonsivu, P (2018) Osallistun ja vaikutan. Tutkimus henkilöstön vaikutusmahdollisuuksista yhteistoimintamenettelyssä sairaanhoitopiirissä. Lisensiaatintyö. Tampereen yliopisto. Johtamiskorkeakoulu.

Suonsivu, P (2019) Henkilöstön vaikutusmahdollisuudet yhteistoiminnassa. BoD – Books on Demand. Helsinki.

Suositussopimus kunnallisesta työpaikkademokratiasta (1977).

Sydänmaanlakka, P. (2003) Intelligent Leadership and Leadership Competencies. Developing a Leadership Framework for Intelligent Organizations. Doctoral Dissertation. Helsinki University of Technology. Department of Industrial Engineering and Management.

Sydänmaanlakka, P. (2004) Älykäs johtajuus. Ihmisten johtaminen älykkäissä organisaatioissa. Helsinki. Talentum.

Sydänmaanlakka, P. (2009) Jatkuva uudistuminen. Luovuuden ja innovatiivisuuden johtaminen. Helsinki. Talentum.

Sädevirta, J. (2000) Työkykyä ylläpitävä toiminta henkilöstövoimavaran strategisen johtamisen tutkimisen kannalta. Helsinki. Kuntien Eläkevakuutuksen julkaisuja 3/2000, 61-84.

Sädevirta, J. (2004) Henkilöstöjohtamisen ja sen tutkimuksen kehittyminen: Henkilöstöhallinnollisesta johtamisesta voimavarojen strategiseen johtamiseen. Helsinki. Tykes -raportteja.

Tarkkonen, J (1993) Tapaturmantorjunnasta työyhteisön kehittämiseen. Tutkimus organisaatio- ja työyhteisökohtaisten työsuojelujärjestelmien kehittymissuunnista 1990-luvun alun suurissa kuntaorganisaatioissa. Tampereen yliopisto, Sosiologian ja sosiaalipsykologian laitos. Pro gradu-tutkielma.

Tarkkonen, J. (1998) Kohti organisaatiokohtaisen työsuojelujärjestelmän teoriaa. Tutkimus organisaatiokohtaisen työsuojelujärjestelmän tärkeimmistä ominaisuusulottuvuuksista. Tampereen yliopisto. Sosiologian ja sosiaalipsykologian laitos. Lisensiaatintutkimus.

Tarkkonen, J. (2005) Yhteistoiminnan ehdoilla, ymmärryksen ja vallan rajapinnoilla. Työsuojeluvaltuutetut ja –päälliköt toimijoina, työorganisaatiot yhteistoiminnan areenoina ja työsuojelujärjestelmät kehittämisen kohteina. Acta Universitatis Ouluensis. Oulu.

Tarkkonen, J. (2016) ”Näin on tehty ennenkin”. Tutkimus turvallisuuden ja hyvinvoinnin kokonaishallintaa estävistä ja vaikeuttavista uskomuksista. Akateeminen väitöskirja. Acta Universitatis Lapponiensis 318. Lapin yliopisto. Rovaniemi.

Tompkins, J. (2002) Strategic Human Resources Management in Government: Unresolved Issues. Public Personnel Management 31(1), 95-110.

Valtee, P. (1983a) Työpaikkademokratiasta kunnissa saadut kokemukset. Tampere.

Valtee, P. (1984a) Kokemuksia kunnallisesta työpaikkademokratiasta. Kunnallisen sopimusvaltuuskunnan toimisto. Länsi-Savo, Mikkeli.

Vartola, J. (2005) Näkökulmia byrokratiaan. Tampereen Yliopistopaino Oy – Juvenes Print. Tampere.

Walton, R, McKersie, R. (1985) A Behavioral Theory of Labor Negotiantions An Analysis of Social Interaction System New York.

Virtanen, J.V. (2010) Johtajana sairaalassa. Johtajan toimintakenttä julkisessa erikoissairaalassa keskijohtoon ja ylimpään johtoon kuuluvien lääkäri- ja hoitajataustaisten johtajien näkökulmasta. Väitöskirja. Turun kauppakorkeakoulu. Turku.

Zientara, P. (2010) The involvement of Polish trade unions in social dialogue and workplace governance: implications for reform. International Social Science. Journal 61.

Lait

Suomen perustuslaki 11.6.1999/731

Laki työnantajan ja henkilöstön välisestä yhteistoiminnasta kunnissa (449/2007)

Laki työsuojelun valvonnasta ja työpaikan työsuojeluyhteistoiminnasta (44/2006).